普 天 之 下 · 盡 是 好 書

普天出版家族
Popular Press Family

凌雲文創
A-Plus Creative Company

靈活運用說話攻略

把你的話語滲透到對方的心理

王照 編著

Talking Strategy

Sony公司創辦人盛田昭夫曾說：

「和機器打交道的時候，你可以是完全理智的，但是與人互動之時，有時你不得不把邏輯放在次要的位置。」

日常生活中，我們都免不了和別人打交道，無論是交談、交易，或是涉及權益的談判，常常考驗著我們的應對能力及說話能力。想從這些談話中獲得勝利，要訣是視實際狀況，時而抓住某些議題，時而避開某些議題，藉機把自己的意思滲透進對方的心裡，讓結局有利於自己。

出版序

和別人打交道，要掌握說話辦事技巧

懂得如何說話辦事是絕大多數成功人士的兩大資本，想打開人生的僵局，想開創前程遠景，你就必須成為一名說話的高手，辦事的專家。

法國哲學家拉布呂耶爾說：「有時候，談話的妙處並不在於表達自己的想法，而是在引發別人的想法，讓他主動接受自己的觀點。」

深諳說話的藝術，人與人之間就可以在融洽愉悅的氣氛中，交流彼此的想法和看法。有時候，你和對方並沒有交集，但是，透過巧妙的說話技巧，卻可以讓彼此敞開胸懷，順利達成自己的目的。

想提昇自己的競爭力，和別人打交道，一定要掌握說話辦事的訣竅。

說話是一門技巧性很強的應對藝術，直接影響一個人辦事的成功率。也許，你對這種說法不屑一顧，甚至認爲有些可笑。事實上，你會這麼認爲，是因爲你尚未眞正悟透說話的奧妙。

美國加利福尼亞大學羅伯爾克在《說話的九大力量》一書中說：「說話看起來輕而易舉，就是要把自己要說的意思表達給對方即可。這是絕大多數人的觀點，當然也是一種淺薄的觀點。我只想問這些人一個問題，為什麼有人在應聘的時候，能夠巧妙展現自己說話的藝術，一下子就勾住老闆的心？為什麼有人應答起來張口結舌，像松鼠一樣顫抖，給老闆留下能力極弱的感覺？很顯然，說話起了關鍵性的作用。」

通用公司前總裁傑克．威爾許有一句名言：「員工的說話能力，是素質高低的試金石。」

威爾許歷練豐富、閱人無數，會這麼說，自然有一番道理。因爲，他知道最高明的說話高手深諳把自己心中的話變爲成功的因子。

說話是聰明人的成功學問。例如，戰國時期「名嘴」張儀和蘇秦就是靠高妙的說話藝術打出了「合縱連橫」的戰術，諸葛亮「舌戰群儒」更是說話的千古一絕的精彩案例。

再如第二次世界大戰時「鐵腕英雄」丘吉爾面臨德軍的強力擠壓，盪氣迴腸的演講激發了英國人民的豪情鬥志，彷彿倫敦整個上空迴盪著「永不放棄，永不放棄，永不放棄……」的戰鬥鼓聲。

試想一下，如果欠缺絕妙的說話藝術，他們豈能成就大事？

本書的特點是：

- 把自己變成一個善於說話的聰明人，用最巧妙的語言，把話說到對方的心裡，為自己順利鑿開一條成功通道。
- 學會臨機應變，把不好說出口的話，透過迂迴戰術，滲透對方的心裡。
- 學會讚美和傾聽，滿足對方的說話慾望，然後再抓住時機，設計地佈置出幾條可行的套路。

總之，會說話辦事的人知道什麼時候該說什麼，不該說什麼，知道在什麼時候該做什麼，不該做什麼。這些看似尋常，實則蘊含著大智慧、大學問。想要在現實社會中成功，不能光靠埋頭苦幹，還要靠說話的技巧、辦事的能力。

爲什麼對很多人來說，說話和辦事成爲頭等的難題，一張口就會不知所云，一動手就會亂陣腳，導致人際關係不佳？

關鍵就在於，他們沒有把說話與辦事當成一門學問認眞對待，不多加學習，自然難以心想事成。

懂得如何說話辦事是絕大多數成功人士的兩大資本，也是他們成功的跳板。想打開人生的僵局，想開創前程遠景，你就必須成爲一名說話的高手，辦事的專家，讓自己成爲受人歡迎的人！

PART 1 改變說話方式，就能創造優勢

給別人充分的選擇空間，能讓人感覺受到無比的尊重，無形中也能獲得對方的充分信任，進而爭取到更大的利益，不聲不響就奪得先機。

PART 2

善意的謊言，不說不行

真相當然只有一個，但是有時善意的謊言卻可能才是力挽狂瀾的良策。

PART 3

說話繞個彎，更討人喜歡

話中有話，是高明的待人處世方式之一，學會將說出的話繞個彎，才不至於衝撞別人，更能討得他人的喜歡。

PART 4

說服，從拉近心理距離開始

口口聲聲都是「我們」，不僅表示排除了自我，且能觸發聽眾對集體的歸屬意識，即使厭惡被迫接受，也會不知不覺地軟化。

PART 5

幽默的說話高手更受人歡迎

幽默感不僅是積極的應對策略，更是你的護身符，即使遇上對手的銳利武器，我們都能靠著幽默全身而退。

PART 6 把自己變成聰明的狐狸

雖然利用別人不是件好事，但是若能在適當地範圍內有效「運用」，那麼或許也算是一個不錯的「自保」方式吧！

PART 7

與其煩惱，不如增強說話技巧

越覺得它是自己的弱點，你就越要去試。人類最大的成長，就是在克服了自己的負面及弱點的時候。

PART 8 試著把話說得更好聽

忠言逆耳，古有明鑑，世人皆如此，那麼又何必硬要朝他人的痛處踩下去呢？

PART 9 閃避迎面而來的攻擊

不動聲色地沉著應對，看清楚對手攻來的方向，看明白對手所持的武器，再伺機反擊。萬一不幸避之不及，最好先求保命！

PART 10

遇到攻擊，不妨以幽默還擊

當別人以不友善的態度或言語來對待你時，如果能以幽默的態度來回應，那麼你得到的將不會是羞辱，而是別人對你的深刻印象。

輯1

改變說話方式，就能創造優勢

給別人充分的選擇空間，
能讓人感覺受到無比的尊重，
無形中也能獲得對方的充分信任，
進而爭取到更大的利益，
不聲不響就奪得先機。

用幽默化解自己的窘迫

> 當你發送了一顆微笑因子，傳達至每個人的心裡，你會發現，只要還能笑得出來，事情根本沒有那麼嚴重。

無論發生任何困難，引人發笑的談吐和言行永遠是最有效的解藥，套句政治人物常用的話：「有這麼嚴重嗎？」

是的，凡事都沒有你想像中那麼嚴重；只要還懂得笑，還可以保持一分喜樂的心情，再怎麼嚴重的大事，都可以變得雲淡風輕。

當年雷根總統執政時，有一次在白宮舉行鋼琴演奏會招待來賓。正當雷根總統在致辭時，總統夫人南西一個不小心，連人帶椅子由舞台上跌到台下。全場來賓都站起來驚呼，有的人顧著看熱鬧，有的人急著上前關切總統夫人的傷勢。

還好，地上鋪了一層厚厚的地毯，南西以優雅的舉止掩飾自己的疼痛，立刻靈活地站起來，重新回到舞台上去。觀眾又疼惜又佩服，以熱烈的掌聲為她打氣。

中斷了演講的雷根總統，確定夫人沒有受傷後，清了清喉嚨說：「親愛的！我不是交代過妳，只有在觀眾忘了給我掌聲時，妳才需要做這種高難度的表演嗎？」

台下掌聲如雷，雷根總統成功地把夫人「不小心的意外」美化成「娛樂觀眾的表演」，大家對雷根總統的幽默留下深刻的印象。

又有一次，加拿大總統杜魯道邀請雷根總統到加拿大訪問。

正當雷根總統在多倫多的一處廣場上演講時，遠處有一群示威遊行的民眾，不時高呼著反美口號，罵聲隆隆，噪音震天，使得雷根總統的演說無法繼續下去。

這種場面讓杜魯道總統十分尷尬，貴賓遠道而來，「歡迎」他的竟然是這種場面；杜魯道總統恨不得能馬上挖個地洞鑽，頻頻向雷根總統表示無限的歉意。

沒想到雷根總統卻說：「這種情況在美國比比皆是，屢見不鮮。這群人一定是從白宮前面一路隨我來到這裡的，他們是想讓我有賓至如歸的感覺，覺得來到這裡就像是回到家裡一樣。」

這麼一句話，輕鬆地化解了杜魯道總統的尷尬，為美國的外交再一次締造佳績。

雷根總統用幽默來化解危機，那你呢？

我們沒有古今名人的聰明機智，也沒有政治人物的無礙辯才，但是我們有嘴巴，也有表情。即使沒有妙語如珠的臨場反應，我們仍可以用微笑來表示我們的不介意，甚至哈哈大笑來取代場面的尷尬；就算你自認口才不好，笑一笑你總該會吧！

人與人之間什麼都很容易擴散，當你發送了一顆微笑因子，沒蓋你，這顆微笑因子馬上就會散佈到空氣中，傳達至每個人的心裡。你會發現，只要還能笑得出來，事情根本沒有那麼嚴重。

輕鬆自在地表現自己

其實你的自我意識不需要太強烈，應該坦率而自然地表現出自己想法。別人並沒有你想像的那樣注意你，不妨自在輕鬆地表現自己吧。

很多人不習慣在眾人面前說話，尤其是害羞、內向的人更容易發窘，一緊張起來，就開始心跳加速、冷汗直流、雙腿發軟、天旋地轉……先前準備好的說詞可能早已忘得一乾二淨，說起話來不知所云，視線也完全不敢投向前方。

遇到這種情況，你可能覺得自己完蛋了……

可是，當你恢復意識後，有時卻會發現狀況與自己想像的迥然不同。你或許會看到有人露出微笑，甚至坐在隔壁的上司還稱讚你說得很好，大家都紛紛誇你態度穩重，說話也有重點。

這一定會讓你大吃一驚吧！怎麼會完全出乎自己意料之外呢？

這種情況其實常發生。原因在於，你可能非常重視這件事，但別人根本覺得沒什麼，所以即使發生一點點差錯，你會覺得事態嚴重，不過別人卻不這麼想的。

這是因爲，人通常只注意到自己，對攸關自己的事情非常重視、在意，對別人的事就沒太大感覺。

人際關係上也是如此，或許你會覺得：「對他說話還是客氣一點比較有禮貌。」但是，對方心裡卻可能會想：「這人說話好虛僞，眞不知道他到底在想什麼。」

所以，其實你的自我意識不需要太強烈，應該坦率而自然地表現出自己想法。別人並沒有你想像的那樣注意你，不妨自在輕鬆地表現自己吧。

過去，大家會認爲謙虛就是一種美德，不過，這一套在現代早已不適用了！

我們常常會說：「我沒辦法勝任這件事」、「比我有能力的還大有人在」，其實大多時候，內心都是在想：「我優秀得很呢！」以爲自己這樣是很謙虛的。

不過，換成是你，聽到這樣的話，應該不會對對方有好印象吧?!你可能覺得對方很不積極而已。

所以，倒不如再多表現出自己，如果遇到了能力不及的事，就要採取積極努力的態度，這是比較重要的。

不過，要注意的是，可別太高估或吹噓自己的能力，這是許多人常犯的毛病，往往爲了抬高自己的身價，大拍胸脯保證或是誇下海口，不過不要忘了，虛張聲勢的話會馬上被看穿的！

當別人對你有好印象的時候，其實是你的能力和言語一致，而且具有說服力的時候，也就是對方能明確地評估你的時候。

所以，坦誠地表現自己，就能給與對方好印象。

還有，我們大都無法同時處理很多工作，因此當上司突然交代某些新工作給你時，你就必須就手頭上的工作進行取捨，不過，關於那些想要拒絕的話語，你應該是很難說出口吧！

那麼，當你非得接受超越自己能力以上的工作時，該怎麼辦呢？

其實，與其事後才懊惱不已，你不妨一開始就婉轉地向上司說明自己的工作狀況，這才是聰明的做法。

你可以委婉地說明：「老實說，從我現在的能力和工作量來看，我想，要完成這項任務是很困難的，可是我願意盡力試試看。不過，若途中需要協助的話，必須麻煩您找人支援。」

這樣一來，你積極的態度就會被讚許，而且大家也會很樂意協助你。就算途中接受了支援，你也不會有難堪或受傷的感覺。

其實，不管是工作或人際關係上，你想要有怎樣的結果呈現，都全憑自己，關鍵點就在於樂觀進取，不要給人負面的印象了！

別被馬屁薰昏了頭

在享受恭維的同時，可別被薰得陶陶然，飄飄欲仙而忘了自己是誰，畢竟會拍馬屁的人，都是為了某種目的而來。

即使時代變遷，世事紛迭，馬屁文化仍舊歷久不歇。

爲了達成自己的目的，說句好聽的話吹捧吹捧對方，對自己沒什麼壞處，說不定能得到更多的好處，畢竟誰都愛聽甜言蜜語。只是，當馬屁迎面而來的時候，你能夠把持住自己的立場和行事風格，不被薰昏了頭嗎？

在第二次世界大戰中，邱吉爾對於保衛英倫三島不受德軍侵犯，有卓越的功勳，也深受民眾景仰。

戰後，他退下首相之位，當時，英國國會原擬通過提案，為他塑造一尊銅像，置立於公園內，讓眾瞻仰致意。

一般人均將此視為殊榮，高興還來不及，怎麼可能推辭？但是，邱吉爾卻笑著回絕。他對國會議員們說：「多謝大家的好意，不過，我怕鳥兒喜歡在我的銅像上拉屎，還是請免了吧。」

這就是邱吉爾的幽默，在玩笑之中婉拒了一群馬屁精的提議。

本來嘛，建座塑像有什麼實質的作用呢？還不如將這些預算用在更有意義的事情上，比方設立為戰後重建基金，所能受惠的人不是更多呢？

身分地位愈高的人，被拍馬屁的機會就愈高，而且拍來的馬屁也愈高明，但是，在享受恭維的同時，可別被薰得陶陶然，飄飄欲仙而忘了自己是誰，畢竟會拍馬屁的人，都是爲了某種目的而來，是不是眞心的恭維可就不得而知了。

雖然說要不要答應他們的要求，或是欠他們人情，選擇權是握在自己手上，但是對方可不會輕易地放棄呢！

要是遇到手段拙劣的馬屁精，拍得膚淺又沒拍到應拍的部位，那可就不是那麼令人愉悅的事了。

有的人馬屁被拍多了，難免會對自己的周遭產生懷疑，懷疑別人對自己的好是否都有不良意圖，疑神疑鬼之餘，反而有了許多無形的精神壓力，這又何苦來哉呢？

防範馬屁的第一守則，就是要保持情緒上的鎮定，不要人家才說了幾句好聽的話，就高興得飛上天。

如果別人虛情假意的恭維，讓自己感到不舒服，那麼就虛應一番，轉移對方的注意力，聰明的人一聽就明白，也就不會再窮追猛打。

至於少根筋的馬屁精，必要時就得嚴正地婉拒，讓對方明白自己的立場，才是釜底抽薪的最佳解決方案。

成為傾聽高手的不二法門

不能成為傾聽高手絕對是有百害而無一利的，靜下心來想一想，你是否懂得認真聆聽別人說話呢？

不論做任何事，想要得到美好的成果，集中注意力是必備條件，這個原則可以應用在商業、藝術、運動……等各方面上。

交談之時的傾聽方式也是一樣，集中注意力是很重要的。

傾聽高手是會認同別人存在的人、激發出別人潛在能力的人，而且讓別人內心溫暖的人。

每個人都衷心盼望自己身邊能有這種傾聽高手，因此，如果你能成爲傾聽高手，就代表你成爲他人所歡迎的人，不但人際關係會變得很好，能得到各種有益情報、得

到別人的協助，發生困難時也能得到必要的支援，好處多多。

一般人大都比較想培養說話能力，但其實傾聽能力才是更重要的，因爲不管在工作或人際關係上，最基本的就是溝通，而溝通又是由傾聽這種行爲來達成的；傾聽能力越高，溝通也會越順暢，人際關係也一定會變好。

成爲傾聽高手能帶來一些具體好處，像是受人喜愛、能順利地進行工作、不會錯過任何有利的情報、成爲說服高手及說話高手……等等，這些都是有連帶關係的。

雖然每個人的好惡都很主觀，情況也因人而異，但同樣一個人，爲什麼有人喜歡他，有人卻討厭他嗎？

關鍵點就在交談時的表情與態度。

怎樣的表情與態度才會受到別人喜愛呢？

除了笑容、尊重對方的反應、思考自己在對方心中的印象之外，要養成受人喜愛的傾聽方式，還有一些值得注意的地方：

1. 注意不要有瞧不起對方的態度與言語。

我們都討厭別人瞧不起自己，使自尊心受到傷害，所以言談之際，也不能使別人有這種不愉快的感覺。

2.尊重對方的立場。

每個人都會先想到和自己有密切關連的事，希望對方多少考量到自己，因此交談之時要尊重對方的立場。

3.要有恰到好處的附和。

附和應該是發自內心的感覺，不要讓人有矯揉做作的嫌惡感。

4.一邊筆記一邊傾聽，對方就會對你萌生好感。

因為，對方會覺得自己受到重視，心情當然就愉快了。

5.不要逼問，而要詢問。

詢問是要確認對方說的事，關於不清楚的事情，希望對方在能力範圍內能告訴自己，但一旦用逼問的方式，就會讓對方惱火而不愉快。

6.懂得稱讚他人，取悅對方。

人和人說話會心情變得愉快，往往是在對方對自己有不錯評價的時候，因此，該稱讚的時候不需要猶豫，想到時就可馬上脫口而出。

7.引用對方的話。

對對方的話迅速地反應，在對話中引用他的話來說，是聰明的做法，尤其是表現對方心情或情緒的話，就會更有效果。

8.醞釀出悠閒的氣氛。

一般人交談之時，最討厭無法定下心來說話的感覺了，因爲會有對方沒有確實消化自己話語的空虛感。

說話的一方如果覺得聽者並沒有認同自己的存在，又怎能對這種人有好感呢？因此製造出悠閒的氣氛是一定要的！

9.不使用讓說話者失去意願的言語。

只要聽到否定的言語、明顯沒有認眞聆聽話的言語、懷疑的言語、催促談話的言語，說話的人就會馬上失去繼續說話的意願，使得交談氣氛整個冷淡下來。

就說話藝術而言，不能成爲傾聽高手絕對是有百害而無一利的，靜下心來想一想，你是否懂得認眞聆聽別人說話呢？

如何和「八字不合」的人談話

當你變得客觀，就能仔細觀察對方，就能掌握住你討厭對方言行舉止的哪一部分，或是對方哪裡還不錯。

每個人都有自己討厭的人，一般人總會儘量不去和自己討厭的人見面，即使見了面也避免和他說話，可是在工作或日常生活中，這種模式是於事無補的。

因爲，不管你喜不喜歡，有時候你都必須和他來往。

不過，一旦討厭的人出現在眼前，一般人通常會壓抑住情緒，但嫌惡的觀感卻會表現在表情、態度或言語上。對方必然會有所察覺，也開始認爲你是個討人厭的人，這樣一來彼此只會越來越疏遠而已。

那麼，當討厭的人出現在你眼前時，你該怎麼表現才好呢？

因爲情緒很難用理性加以改變，勉強去喜歡自己討厭的東西，一般人似乎辦不到。所以，當你覺得討厭對方時，你就乾脆坦然接受這一點，然後心裡這樣想：「我雖然很討厭他，但因爲這是工作、是交際，所以就看開點吧！」這樣的話，過去對對方那種過於情緒化的想法，此時就會加入理性的元素，也就比較能冷靜且客觀地看待事物了。

當你變得客觀，就能仔細觀察對方，就能掌握住你討厭對方言行舉止的哪一部分，或是對方哪裡還不錯。

也許過去你看對方，只看到他討厭的部分，並認爲那就等於全部的他，但這時候，你也有可能會重新發現他也有某些優點。

當你掌握住對方的優點之後，應該化爲言語傳達給對方，適時地加以稱讚他。稱讚是不需要猶豫的，不會因爲你稱讚了他，就會對你產生負面的影響。

倘使你在討厭的對象中找出若干優點，並能給予正面的評價，別人也會讚揚你的寬容之心。被稱讚的對方，心情跟著開心起來，也許過去表現出討人厭的部分，就會慢慢消失了呢！

當你和對方的人際關係進展到某個程度時，你就可以用柔和的表情與口氣，試著說出對方令人討厭的地方。這樣一來，對方便不會馬上勃然大怒，反而能了解自己的缺點，把它當作一個反省的好機會。

這些方式會讓你和「八字不合」的人，也能夠如魚得水地談話！

此外，有許多保守的人，總是不習慣面對人數眾多的宴會或是交際場合，沒辦法和每個人自在地聊天。所以，每當進入會場，總是會不自覺地張望，看有沒有認識的人，一找到認識的人，便賴在他們身邊，完全不和陌生人談話了。

然而，這種場合通常就是要和平時無法談話的人交流，只和認識的人聊天未免太可惜了。如果你有很多機會參加這種場合，你該怎麼做比較恰當呢？

其實很簡單，首先就是一一向人打招呼，這樣可讓初次見面的人感到安心，也會讓他們留下好印象。

你可以看著對方的眼睛，一邊介紹自己，一邊以雙手遞上名片。

當你拿到對方交換的名片後，不要馬上收起來，應該望著對方的臉，將對方的名字與長相刻劃在腦海裡。此時，你也可以唸出對方的名字加以確認，如果你的態度慎重，對方就會對你印象深刻。

確認名字後，你可告訴對方自己的身分及工作內容，接下來則適度詢問對方，關心對方的事。不過，不要問太深入的事，應該以對方的意願爲準，因爲，在這種社交場合，只要和對方有某個程度的交流即可。

當對方對你留下好印象時，你就可以轉移目標，告知對方希望下次還有機會見面，然後和其他人交談。

不要老是和一個人說話，而要儘量和更多人聊天。

這種場合因爲有時間的限制，無法深入地聊天，所以讓對方留下好印象、製造下次聯絡的機會是很重要的。

改變說話方式，就能創造優勢

給別人充分的選擇空間，能讓人感覺受到無比的尊重，無形中也能獲得對方的充分信任，進而爭取到更大的利益，不聲不響就奪得先機。

話人人會說，但是要把話說得漂亮又能打動人心，就不是每個人都做得到的了。

其實，說話的技巧並不是難如登天、遙不可及，有時只要切入焦點和語氣態度稍稍改變，就能夠得到不同的結果，這就是雙贏的溝通。

街上有兩家賣粥的小店，左邊這家和右邊那家每天光顧的顧客人數其實相差不多，但是，每天晚上結算盈收的時候，左邊這家店總是比右邊那家店多出百來元，而且幾乎天天如此。

有人感到好奇，兩家小店的手藝差不多，所用的材料也大同小異，為什麼在收入上會有這樣的差異發生？

仔細觀察兩家小店做生意的方法，終於發現癥結所在。右邊的粥店，當客人上門，店員便微笑著歡迎，為客人盛好一碗粥，同時問道：「加不加雞蛋？」如果客人說加，她就加了一個雞蛋。

每一位進來的顧客，店員總要問上一句：「加不加雞蛋？」有說加的，也有說不加的，大概各佔一半左右。

而反觀左邊的小店，店員同樣以燦爛的笑容迎接客人，為客人盛好一碗粥。同樣地也問客人一個問題，可是他們問的是：「加一個雞蛋，還是加兩個雞蛋？」

每進來一個顧客，店員都問一句：「加一個雞蛋，還是加兩個雞蛋？」

結果，愛吃雞蛋的就要求加兩個，不愛吃的就說加一個。當然，也有要求不加的，但是這樣的客人很少。

於是，一天下來，左邊這家小店自然就比右邊那家多賣出很多雞蛋。

這個例子說明了，改變說話方式就能創造優勢。

大部分的人在面對是非題的時候，答案不是對，就是錯，沒有中間的答案。然而，在面對選擇題時，卻往往會自然地從當中選出一個最接近自己想法的答案。

左邊的小店店員在問話時，已經先越過了詢問顧客要不要加雞蛋的決定，而運用技巧，直接認爲顧客希望加雞蛋，而將顧客的選擇重點放在數量的多寡上。

只要顧客本身不討厭吃雞蛋，對餐點的價格又不斤斤計較，通常就會在兩個和一個中間選答案。

於是，不但客人感覺自己得到應有的尊重，而店家也成功地減少了不加雞蛋這個答案的可能性，自然所賣出的雞蛋數量，在無形中超出右邊小店所賣出的數量。

給別人充分的選擇空間，能讓人感覺受到無比的尊重，無形中也能獲得對方的充分信任，進而爭取到更大的利益，不聲不響就奪得先機。

在日益激烈的市場競爭之中，多占一分優勢，就多一分勝利的契機。

有了批評，你更能勇往直前

不管別人是用什麼的角度批評你，你都要秉持自己的信念勇往直前，讓每一個不客氣的批評成為你更加成功的原動力。

你曾被外在的批評困擾嗎？請聽聽戴維．克羅克特的這句座右銘：「確定你是對的，然後勇往直前。」

聰明的人會從積極的角度看待批評，包括那些不公正的責罵，他們會把別人的批評，視爲改進自己、或激發鬥志的動力。

一九六二年，還未成名的披頭四合唱團，曾向英國威克唱片毛遂自薦，但是卻立刻被拒絕了，公司的負責人是這麼說的：「我不喜歡這群人的音樂，只是些吉他合奏，太落伍了。」

你聽說過艾倫斯特．馬哈嗎？他曾任維也納大學物理學教授，曾不屑地說：「我不承認愛因斯坦的相對論，正如我不承認原子的存在。」

愛因斯坦對他的批評並不在意，因為早在他十歲，還在慕尼黑唸小學的時候，任課老師就對他說：「你以後不會有出息。」

美國的國父華盛頓，也曾經被人罵是「偽君子」；《獨立宣言》的撰寫人，後來當上總統的湯馬斯．傑佛遜也被罵說：「如果他成為總統，那麼我們將會看見我們的妻子和女兒，成為合法賣淫的犧牲者，我們會受到更多的羞辱和損害，我們的自尊和德行都將消失殆盡。」

然而，他們非但沒有被批評和辱罵嚇倒，反而保持更樂觀而自信的態度，讓自己對世界、對社會有了更深遠的影響。

換個角度想，受人批評輕視，其實並不是什麼壞事，至少可以提醒我們要努力積極，讓自己擁有進步的動力。

英國國王愛德華八世（即溫莎公爵），年輕時曾經在一所海軍官校讀書。有一

天，一位軍官發現十四歲的溫莎王子在哭泣，便上前詢問發生了什麼事情，才發現是溫莎王子原來被軍校的學生踢了一腳。

指揮官把所有的學生召集起來，要他們解釋原因，這些學生推託了半天，才解釋說，因為等他們成為皇家海軍的指揮官或艦長時，他們希望能夠誇耀地告訴人家，他們曾經踢過國王的屁股。

相對的，許多批評不也正是這種心理作祟之下的產物？

每個人都免不了會遭受批評和指責，特別是有成績、有名望的人，更是容易受到別人的非議。因此，無論你是被人踢，還是被人惡意的批評，只要記得，他們之所以這麼做，只是想從中得到更多的滿足感而已，這通常也就表示你已有所成就，所以讓人特別注意。

德國哲學家叔本華說：「庸俗的人，只會在偉大的錯誤和愚昧行為中，才能得到最大的快感。」

很多人在批評比他們成功的人時，都只是爲了得到一種阿Q式的快感，所以越成功的人受到的批評就越多，只有那些什麼都沒做的人，才能免除別人的批評。

所以，不管別人是用什麼角度批評你，你都要秉持自己的信念勇往直前，讓每一個不客氣的批評成爲你更加成功的原動力。

罵人，不要罵得太認真

法國思想蒙田說：「超過尋常限度的行為，都會引來惡意的解釋，因此，我們要保持冷靜的理智，避免走向任何極端。」

建安七子之一的陳琳，原在北方軍閥袁紹手下當書記官。

袁紹野心勃勃，見到曹操在亂世崛起，感到對自己威脅頗大，便把矛頭對準了他。為了討伐曹操，袁紹命令陳琳寫了一篇《為袁紹檄豫州》的檄文。

陳琳在檄文中慷慨陳詞，歷數曹操各種罪狀，並且痛罵了曹操的祖宗三代，檄文最後號召天下州郡共同起兵，討伐曹操。

當時，曹操常犯頭痛病。有一次，曹操頭又痛了，正好侍從送來陳琳起草討伐他的檄文，儘管曹操很討厭其中的內容，卻又為它精彩的文筆打動，越讀越興奮，竟然不再感到頭痛了。

後來，曹操得知這篇檄文是陳琳寫的，覺得像他這樣有文才的人竟為袁紹所用，實在非常可惜。

袁紹驕橫但卻平庸無能，最後終於在官渡之戰被曹操打敗，陳琳也改為投靠曹操。有一次，曹操忽然想起這件舊事，便責問陳琳：「你當初替袁紹寫檄文，罵我也就罷了，為什麼還要罵我祖宗三代呢？」

陳琳連忙謝罪說：「當時的情況就像是箭已經搭在弓弦上，不得不發射出去，於是就罵個徹底。」

曹操聽陳琳這樣回答，覺得不無道理，也就不再追究這筆舊帳，反而更加器重他，讓他擔任司空參謀祭酒。

法國思想蒙田說：「超過尋常限度的行為，都會引來惡意的解釋，因此，我們要保持冷靜的理智，避免走向任何極端。」

不管在什麼地位、立場，當然都應該堅守自己的本分，但是，凡事適可而止，不要爲了表現自我而做得太過火，罵人的時候也要留點口德，千萬不要太認眞。

陳琳身爲袁紹的臣子，職責所在，他理所當然該爲袁紹認眞辦事，以對袁紹最爲有利的方向作爲考量。但是，他爲袁紹作檄時卻刻意賣弄文采，痛批曹操之餘，連曹操的祖宗三代都不放過。

所幸曹操愛惜他的人才，縱使心中不悅，仍願意聽陳琳解釋，理解他的立場及權宜之計，而不計前嫌，如果陳琳遇到的是一個心胸狹隘、反覆無常的人，腦袋恐怕早就搬家了。

你為什麼老是把話說得亂七八糟？

人類都有被注目、希望獲得正面評價的強烈慾望，公開發表談話可以滿足這種慾望，不斷累積經驗之後，慢慢就能發現說話的樂趣了。

你對自己的說話有自信嗎？

如果你覺得沒自信而沉默寡言，那麼就無從得知自己的說話能力到什麼程度。只有試著去表現自己的說話能力，才能了解對方的反應，明白語言的價值所在。

人普遍都有偷懶的念頭，如果別人不會認眞去看你或聽你，就不會去努力。比如說當主管事先要求你在會議中發言，你就會拼命地準備，思考如何表達自己的意見，但當沒有必要說話時，你就會悠悠哉哉地出席會議。

不管動機如何，努力的人與不努力的人，彼此的差距將會越來越明顯。所以當你被要求要發言時，即使有些勉強，爲了督促自己努力，也要立即接受。

很多人在社交場合被要求發表談話時，都會想辦法推託或乾脆溜掉，因爲怕自己不會說話，會帶給別人困擾。其實，這是增加對應能力的絕佳機會，而且只要努力去說，就不會說得亂七八糟，也許你還能成爲全場的注目焦點呢！

人類都有被注目、被認同、希望獲得正面評價的強烈慾望，公開發表談話可以滿足這種慾望，經過不斷累積經驗之後，你慢慢就能發現說話的樂趣了。

如果你眞的覺得說話方面比別人差，那就更要製造越多說話機會。累積經驗是相當重要的，從量化轉變爲質化的道理，同樣可以應用在說話方式上。

在開會時，努力去掌握自己發言的機會，一定會出現肯定及否定的反應，這些反應都是發言者自我教育的機會。

贊成聲音越多，表示自己的想法至少還適用於當時的參加者；若有人反對，試著去了解他們爲了什麼而反對，自然會燃起想要以更精闢的理論回答他們的鬥志。

另外，這個時候，自己也會仔細去思考，要怎樣才能得到他們的理解？如何才能說服他們、向他們說明？

如此一來，就能加深自己的想法，找出轉機。

其實，每個人都必須要透過說話來讓自己成長。

即使是一般的日常對話，要平時不太說話的人，突然在另一個陌生場合，或和第一次見面的人愉快地說話，幾乎是不可能的。

有人會說：「有的人天生就很會說話。」

其實，這是一種不負責任的說法，沒有人一生下來就能妙語如珠、口若懸河的。說話的技術、聆聽的技術、對應能力等，都要靠後天的努力。將藉口合理化、想辦法讓自己逃避的人，只會讓自己越來越不會說話。

每個人都有很多不同的邂逅，有邂逅的方式、也有接受的方式，每個人的人生也因此而不同。藉由和很多人對話，我們自己會脫胎換骨，突飛猛進，人都是要藉由和他人邂逅、藉由說話與聆聽，來獲得成長的養分的。

輯 2

善意的謊言，不說不行

真相當然只有一個，
但是有時善意的謊言
卻可能才是力挽狂瀾的良策。

說服，是化繁為簡的藝術

想要成功地說服別人，請先訓練自己的表達能力吧！言簡意賅，才能順利達成說服的目的。

法國哲學家拉布呂耶爾說：「有時候，談話的妙處並不在於表達自己的想法，而是在引發別人的想法，讓他主動接受自己的觀點。」

其實，人生就是一個龐大的賣場，每個人盡可以在那裡販賣自己的觀點，但是，通常只有深諳說話技巧的人才會是最後的大贏家。

說服的目的，是希望別人能接受自己的想法，所以，如果不能簡單明瞭地表達出自己的意思，那麼便無法達成說服的目的了。

在這個「時間就是金錢」的時代，如何用簡單的話，表達複雜的概念，便想要成功的人所必須要具備的基本能力了。

一九三九年，美國的經濟學家，也是羅斯福總統私人顧問的薩克斯先生，因為受愛因斯坦等科學家的委託，希望說服羅斯福總統重視原子能的研究，以便搶在德國納粹之前製造出原子彈。

可是，羅斯福卻因為聽不懂薩克斯艱深生澀的科學論述，所以對這件事的反應十分冷淡，只敷衍地回答：「這很有趣，不過現在政府干預這件事還太早。」

薩克斯準備告辭時，羅斯福為了表示歉意，邀請他第二天一起共進早餐。

這是薩克斯最後一次說服總統的機會了，薩克斯深知說服一定要成功，因為當時德國已經在加緊研製原子彈了。

第二天早上，兩人在用餐時，羅斯福對薩克斯說：「現在開始，不許談愛因斯坦，一句也不許說，明白嗎？」

薩克斯說：「那我就說一個歷史故事好了。英法戰爭時期，在歐洲大陸上不可一世的拿破崙，卻在海上屢戰屢敗。這時，一位年輕的美國發明家富爾頓，向拿破崙建議把法國戰艦上的桅桿砍掉，撤去風帆，裝上蒸汽機，再把木板換成鋼板；可是，拿破崙卻沒有採用富爾頓的建議，還把富爾頓趕了出去。許多歷史學家在評述這段歷史時都認為，如果當時拿破崙採用了富爾頓的建議，那麼，法國十九世紀的歷史就要重寫了。」

羅斯福聽完薩克斯的話，沉思了幾分鐘，然後說道：「你贏了！」

美國便因此揭開了製造原子彈的序幕。

你的表達能力夠不夠清晰呢？再好的建議，也要別人完全了解你的表達時，才有可能會接受你的想法。

所以，請先訓練自己的表達能力吧！說服是化繁爲簡的藝術，言簡意賅，才能順利達成說服的目的。

真話更需要巧妙包裝

不只謊言必須說得好聽，真話更需要包著糖衣。逆耳的不是忠言，而是不經大腦太直接的話語。

如果你的上司要求你直述出他的缺點，你有膽量道盡心中的不滿嗎？

老闆問你對新提案有什麼看法，或許你心裡想著：「那一堆不知所云的文字，也可以稱爲提案？」

但是，你眞的有勇氣當如此當衆批評嗎？

說眞話從來比說謊話要難。因爲，說假話不一定會被拆穿，但是，說實話卻很可能會惹來對方劈頭痛罵。

所以，眞話更需要巧妙加以包裝。

話說包公就任開封知府後，要聘選一名師爺。

經過筆試，包公從成千上萬人中挑選了十個很有文才的人進行面試。

面試非常別致，只見包公指著自己的臉問道：「你看我長得怎麼樣？」

前面九個人抬頭一看包公的臉，都嚇了一跳；他的頭和臉都黑得像煙薰火燎過一般，猛地一看，簡直就像把一個黑球放在肩上；兩隻眼睛大而圓，一瞪起來，眼白多，黑眼珠少，小孩見了恐怕要連做三天三夜惡夢。

他們想，如果把包大人的模樣如實講出來，他絕對會火冒三丈，怎麼還會任用自己當師爺呢？不挨打已經謝天謝地了！不如睜眼說瞎話好好恭維一番，把他哄得高興了，功名不就有望了？

於是，一個個稱讚包大人眼如明星、眉似彎月，面色白裡透紅，一看就是副清官的樣貌。

包公一聽，這些人簡直說謊不打草稿，非常生氣地把他們一個個趕走了。

第十個應試者進來後，包公也問他相同的問題。那個人向包公打量了一番，支支吾吾地說：「大人的容貌嘛……」

「我的容貌怎麼樣啊？直說無妨。」

「大人的臉形如罈子，面色似鍋底，說不上俊美，反而有幾分嚇人，特別是兩眼一瞪，簡直讓人害怕得忘了呼吸呢！」

包公一聽，總算有人敢說實話了，便故意把臉一沉，大聲喝道：「放肆！你竟敢把本官說得如此不堪，難道就不怕本官怪罪於你嗎？」

那個人不慌不忙地回答：「請大人息怒，大人的臉本來就是黑的，難道別人說一聲美，您就變美了嗎？大人的相貌雖然醜陋，但是心如明鏡，忠君愛國，人盡皆知。正因為大人駭人的樣貌，更令作姦犯科之人見了膽顫心驚、無所遁形，有這副公正廉明的長相，難道不好嗎？」

這一席話正中包公的下懷，包公聽了喜上眉梢，即日便任命他為師爺。

日本作家荻原朔太郎說：「與人相處的秘訣，不是不要說真話，而是如何說出真話又讓對方不發怒。」

不只謊言必須說得好聽，眞話更需要包著糖衣。逆耳的其實不是忠言，而是不經大腦、太過直接的話語。越是直言相勸，越需要說得委婉，說得悅耳，說得讓對方找得到台階下。

情緒足以蒙蔽理智，當你說實話的同時，請記得安撫對方的情緒。給了人家一拳，也別忘了塞給他一顆糖，說眞話永遠比說假話需要更多的技巧。

肯定，是最有效的激勵

肯定，就是最有效的激勵，說得再多，不如讓他自己肯定自己，只要願意，每個人都可以發揮出無窮的潛力。

一句鼓勵、一聲肯定，就能助長一個人的氣勢，增強他的信心；那麼，我們又何必吝嗇我們的口水呢？

你的一句話，也許就能改變一個人的一生。

美國成功學大師拿破崙．希爾處世圓融，有著過人的智慧，一般人都很難想像，在他童年的時候，卻被家人認爲是撒旦派來的小惡魔。

不管家裡發生任何大大小小的事，不用警察蒐證，大家都會異口同聲地說：「一定是小希爾幹的！」而且，八九不離十，最後往往都能找到證據，證明大家的懷疑其來有自，絕對沒有冤枉好人！

拿破崙．希爾的母親很早就去世了，突然的打擊總會使孩子格外早熟，希望用奇特的行徑來引起大人的注意。因此，希爾對製造麻煩這件事樂在其中，甚至以當個讓大家頭痛的「小惡魔」為樂。

有一天，拿破崙．希爾的父親宣佈他即將再婚，不久便帶著這位將要成為繼母的陌生人走進家裡。

他們走遍每一個房間，向每一個人親切地問好，當他們來到希爾面前時，父親說：「這就是希爾，是所有的孩子當中最壞的一個。」

這個陌生人把雙手放在希爾的兩肩上，眼睛裡閃爍著慈愛的光芒，她仔細地端詳他的臉孔，就像是媽媽一樣。

這時，拿破崙．希爾心裡浮起了一股熟悉的溫暖，他知道自己將會多一個親愛的家人。接著，希爾聽到一個溫柔地聲音說：「這是最壞的孩子嗎？當然不是，這是所有孩子中最聰明的一個，而我們所要做的，就是幫助他把自己的聰明特質發揮出來。」

希爾的繼母就是這麼樂觀、這麼寬容，永遠只看事情的光明面。往後的日子裡，無論希爾有什麼想法，她都不斷地支持他、鼓勵他，時常和他一起擬定大膽的計劃，然後在他遭遇困難時拉他一把，她告訴希爾：「你一定會成功的。」

拿破崙．希爾的繼母的確沒有看錯，他後來果然是所有孩子之中，最有成就的一個，而且成了享譽全球的激勵大師！

古有明言：「人言可畏」，但是人言有時候也是很可愛的，不然運動比賽爲何總是需要有啦啦隊在一旁打氣？

與其給別人安慰，或是給他人建議，不如先給對方信心吧！

肯定，就是最有效的激勵，說得再多，不如讓他自己肯定自己，只要願意，每個人都可以發揮出無窮的潛力。

別以為自己是世界的中心

培根曾說：「一個最可惡的人，是一切行動都以自我為中心的人。就像地球以自我為中心轉動，讓其他的星球在周圍環繞運行一樣。」

比爾斯曾經諷刺說：「談話時滔滔不絕，是一種機能失調的現象，因為它使患者收不住自己的舌頭。」

其實，談話就有如彈琴，有時候用手按住琴絃使它停止發出聲響，和撥動琴絃使它產生音樂同樣重要。

一個窮人騎馬來到外地，經過一家小店，這時正值用餐時間，於是他把馬拴在樹上，就進去店裡吃飯了。

此時，正好一位有錢人也騎馬來到這裡，打算把他的馬也拴在那棵樹上，窮人見狀，連忙阻止那位有錢人說：「請你不要把馬拴在這裡，我的馬野性未馴，恐怕會踢中你的馬。」

「怎麼！這棵樹是你的啊？我愛把馬拴在哪裡就拴在哪裡，用不著你一個鄉巴佬多管閒事！」有錢人很不客氣地應了回去，自顧自地把馬拴好，然後大搖大擺地走進店裡吃飯。

過不了多久，屋外忽然傳來一陣嘶叫聲，窮人的馬果然野性大發，一腳就把有錢人的馬踢死了。有錢人勃然大怒，不由分說便扯住窮人的衣領，拉著他去見法官，要求窮人要為此事做出賠償。

到了法官面前，任憑法官如何追問，窮人始終閉口不言、不發一語，令法官十分納悶，於是法官問有錢人說：「他好像是個啞巴，不會說話，這該如何是好呢？」

有錢人心頭一急，連忙對法官說：「他才不是啞巴！剛才我見到他時，他還跟我說了一些話呢！」

「喔！那他說了些什麼？」

有錢人不打自招地說：「他叫我不要把馬拴在那裡，還說他的馬野性未馴，可能會踢死我的馬。」

法官聽了，皺起眉頭，沉默了一會兒，然後宣判：「既然如此，你的馬等於是自殺，他並不需要付任何賠償。」

培根曾說：「一個最可惡的人，是一切行動都以自我為中心的人。就像地球以自我為中心轉動，讓其他的星球在周圍環繞運行一樣。」

有錢人不聽窮人的勸告，一旦出了事，又忙著把責任往對方身上推，像這樣一切都以自我爲出發點的人，是不是很令人討厭呢？

面對這樣的人，要懂得適時裝聾作啞，讓他自曝事情眞相。

其實，不妨可以學學院子裡的小蜜蜂，穿梭在不同的花朵間，如此才能發現更多不同的美，而且你會發現，這個世界比想像中更遼闊，何不放下「偉大的自我」，讓自己汲取到更多香甜的花蜜呢？

心情樂觀就能渡過難關

二十世紀最偉大的發明家愛迪生曾說：「不管環境變換到何種地步，我的初衷與希望仍不會有絲毫的改變。」

從心理學的角度而言，對事情感到絕望與對令人絕望的狀況有所了解，是兩種完全不同的心理狀態。

後者是客觀地認識自己所處的情勢，前者則是無法客觀地審視自己的處境。

所以，當我們感到絕望時，只要能設法弄清楚局勢，不但能使心情樂觀，還可以讓自己走出絕望之外。

第二次世界大戰爆發前，國際政治局勢充滿濃烈的火藥味。

由於戰爭已經到了一觸即發的局勢，有位英國政府官員驚慌地對首相邱吉爾說：

「我認為事情已經到了完全絕望的地步。」

邱吉爾聽完卻若無其事地說：「不錯，是已經到了無以復加的絕望地步。」但他接著又說：「不過，面對這樣緊張的局面，我覺得自己似乎年輕了二十歲。」

許多人陷入絕望狀態時，總是想盡辦法逃避，但是，邱吉爾卻選擇面對、接受，即便再絕望的情況，他也能用樂觀的心情加以面對，讓自己充滿奮鬥的精神。

二次世界大戰結束後，邱吉爾的生活由絢爛歸於平靜，有一次他應邀到劍橋大學為畢業生致辭。

那天，他坐在貴賓席上，頭戴一頂高帽，手持雪茄，一副優游自在的樣子。

經過隆重的介紹之後，邱吉爾走上講台，兩手抓住講台，認真地注視著觀眾不發一語，大約有二分鐘之久。然後，他才開口說：「永遠，永遠，永遠不要放棄！」接著又是一陣靜默，然後他又再一次大聲重複說：「永遠，永遠，不要放棄！」

這是歷史上最簡短的一次演講，也是邱吉爾最膾炙人口的一次演講，不過，這些都不是重點，重要的是你聽進邱吉爾的忠告了嗎？

做任何事一旦半途而廢，不管你前面付出了多少，立刻都會化成一陣白煙消失不見，經不起任何風吹雨打及考驗的人，根本別想獲得勝利。當你聽到邱吉爾的這番話時，你能感受他的力量，從而給自己一點堅持的勇氣嗎？

二十世紀最偉大的發明家愛迪生曾說：「不管環境變換到何種地步，我的初衷與希望仍不會有絲毫的改變。」

只要你記得，不到最後關頭絕不言放棄，堅持不懈的努力，你才會獲得人生中最美味的果實。

善意的謊言不說不行

「說實話」確實是一種良好的品性，但是在錯誤的時機裡，「實話」可能反而是殺傷力強大的致命武器。

還記得一部電影嗎？電影中一張嘴能將死的說成活的律師，爲求官司順利說起謊來面不改色，最後因爲兒子許願要他一天不得說謊只能說眞話，結果引來一籮筐的麻煩，生活頓時天翻地覆。

當然，說謊不是一件好事，可是，有一些謊卻不說不行。

以「不愛江山愛美人」而聲名大噪的溫莎公爵，在還是王儲之時，曾有過這麼一個鮮爲人知的小故事。

有一次，英國王室於倫敦舉行晚宴，招待多位來自印度當地的貴賓，以期促進英印之間的友好關係，保障英國在印度當地的種種商業利益。這場晚宴，安排交由當時還只是皇太子的溫莎公爵負責主持。

宴會中，達官貴人們觥籌交錯，賓客相談甚歡，氣氛頗為融洽。可是，就在宴會快要結束時，侍者為每一位客人端來了洗手盤，來自印度客人們並不清楚洗手盤的作用，看著精巧的銀盤，盛著清徹晶亮的水，竟端起來一飲而盡。

這個舉動看得席間作陪的英國貴族們個個目瞪口呆，不知如何是好，一時間氣氛尷尬極了，大家只好紛紛把目光投向主持人。

只見溫莎公爵神色自若，同客人一般端起自己面前的洗手盤，一飲而盡，絲毫不以為意，依然與客人談笑風生。

大家看了，愣了一下，隨即跟著紛紛倣效，本來可能會造成難堪與尷尬的危機，頃刻間化為烏有，宴會維持了原本的和諧氣氛圓滿結束，也得到了預期的效果。

突如其來的危機，往往會讓人一時心慌而難以招架，如果不能沉著應對，事情砸鍋便成了最壞的結果。

英國人著重表面工夫，對於禮節更是吹毛求疵，印度人從來沒見識過英國皇室的餐桌禮儀，會出錯也是在所難免；只是當時若直接上前指正，不只客人覺得丟臉尷尬，主人也不見得掛得住面子，最後必定兩敗俱傷，不歡而散。

反觀溫莎公爵以冷靜的做法，化危機爲轉機，或許表現得不合禮節，但是，此舉顧全了主賓彼此的顏面，熱絡了現場的氣氛，順利地達成預期的目的，可說是一次成功的社交模式。

說話的藝術或策略也是如此，眞相當然只有一個，但是有時候，善意的謊言卻可能才是力挽狂瀾的最佳良策。

「說實話」確實是一種良好的品性，但是在錯誤的時機裡，「實話」可能反而是殺傷力強大的致命武器。

充滿信心才唬得了別人

唬人不過是個權宜之計，能及時充實自己才是上上之策，否則哪天被人拆穿了西洋鏡，可就糗大了。

虛張聲勢通常是因爲充滿強烈的企圖，想獲得一些自己渴求的事物。心理學家大多同意，人絕對有可能透過說話模式，爲自己製造一個虛假的形象，達到虛張聲勢的唬人目的。

唬人之前先做好功課，其實就不算是誇大其辭，因爲當你把別人唬得一楞一楞的時候，別人反而會被你的氣勢嚇得不知所措。

所以，在氣勢上絕對不能示弱，但也不能咄咄逼人，表現出自己絕佳的自信與當仁不讓的氣度，就踏上了成功的第一道階梯。

儘管是同樣的問題和同樣的答案，只要回答者在說話的表現方法上不同的時候，就會有不一樣的結果！

在某家科技公司的面試場合裡，主管端坐桌前，應徵者排隊在門外引頸等候，等候與主管面試對談的機會，每一個問題都攸關著錄取與否，個人的臨場反應與表現都是面試的重點。

每個應徵者進入後，面試主管都會問：「你對電腦懂多少？」

只見大部分應徵者都回答說：「懂一點，我在學校學過相關課程，房間有一台電腦……還有……」

面試主管聽了，便面無表情地喊著：「下一位！」

只有一位應徵者這麼回答：「嗯，那要看是哪一種電腦了。一般的超級掌上型的單晶片時間脈衝輸出電腦比較簡單，我小學時候常常使用它的解譯編碼作業流程。至於多功能虛擬實境模擬器就複雜得多，不過，我曾經完整測試過許多靜態資料儲存單元。長大後，我對於復頻道超高頻無線多媒體接收儀器開始產生興趣，每天晚上都會追蹤特定頻道的資料。至於傳統的電腦，找手下的一位工作夥伴，經常在我的監控之下，進行主儲存的單晶體與磁化資料存取之間的信號交換。」

面試主管聽了，終於露出笑容：「下星期一開始上班。你的配車在地下二樓，附車位，這是鑰匙……」

說話之時充滿自信及適當的表現自己，都是成功的重要因素。

故事中，大部分應徵者的回答相當不得體，也突顯了自己根本不太懂電腦的弱點，只是呆呆的將自己所知道的東西說出來，完全看不出他們對這個工作有所期待，甚至看不出有任何想要爭取到這分工作的誠意。

反之，這個被錄用的人雖然與大部分人所知無異，但是從他的言行舉止上來看，可以知道他強烈的想要這分工作，也學習了不少有關的知識，因此懂得以專業用語去包裝尋常的事物。

肥缺誰都想佔，就看有沒有本事去搶得先機，短短的幾分鐘面試時間裡，唯一要說服的對象就是負責遴選人才的主考官，能夠成功地得到主考官的認同，機會就如同囊中之物了。

俄國文豪，諷刺作家契訶夫曾經這麼說過：「只要你說話有權威，即使是撒謊，人家也會信你的。」

當你滿口專業術語，別人一定不會馬上察覺你是個繡花枕頭，反而會認爲你對這個行業有著相當的認知，相對地比較起來，自然比一問三不知的人來得強一些，也就奪得了部分優勢。

只是，唬人不過是個應對進退的權宜之計，就算因此得到工作的機會，更要能及時充實自己才是上上之策，否則哪天被人拆穿了西洋鏡，可就糗大了，豈止面子，連裡子都掛不住。

說話得體才能無往不利

懂得適時適地說好話，才能得到預期的效果，也才能運用話語的力量，在人與人之間製造出減少磨擦的潤滑劑。

幽默的話語可以怡情養性，也可以增添生活情趣。

不過，說話可是一門大藝術，話說得得體、說得漂亮，可以事半功倍，相得益彰，爲自己的整體表現加分。但是，相對的，一旦自己話說得不好，則反而會招來反效果，不如不說。

大作家馬克・吐溫曾經收到一位文藝青年的來信。

這位年輕人初學寫作，除了在信中對馬克・吐溫表達欣羨、敬仰之意，還提出了一個問題請教馬克．吐溫。

「聽說魚骨裡含有大量有助於補腦的成分——磷質，那麼要成為一個舉世聞名的大作家，就必須吃很多的魚才行吧？不知您覺得這種說法是否符合實際？」

接著，他又問道：「您是否也吃了很多的魚，吃的又是哪一種魚呢？」

馬克．吐溫讀完這封令人哭笑不得的信，只簡單地回覆幾個字：「看來，你恐怕得吃下一隻鯨魚才行。」

如果這位讀者根本不是馬克．吐溫的書迷，而是要寫信來吐槽的，那就另當別論，不然，原本一封向自己喜歡的作家表達敬意的書信，最後卻落得作家冷冷回應，心中必定感到錯愕。

但仔細想想，爲什麼馬克．吐溫讀了信，卻一點也不覺得高興，反而覺得有必要回信諷刺一番呢？

問題就出在那位讀者膚淺幼稚、用詞不當，縱使說者無心，但聽在聽者耳中，卻完全不是那麼一回事，誤會很難不產生。

特別是馬克．吐溫對於來信者又不熟識，當然沒有辦法考量對方是否沒有惡意。在不悅之餘，還能以幽默的態度來回敬，已經算是好修養了。

紀伯倫曾經這麼說：「幽默感就是分寸。」又說：「風趣往往是一副面具。你如能把它扯下來，你將發現一個被激惱了的才智，或是在變著戲法的聰明。」

懂得適時適地說正確好話，才能得到預期的效果，也才能運用話語的力量，在人與人之間製造出減少磨擦的潤滑劑，一個人只要處事圓融、說話得體、態度真誠，人際關係便能無往不利。

沉默是最好的反駁

必要時的沉默能製造懸念，為自己的反擊留下更多的空間，正如縮回來的手，一旦握緊拳頭打出去將更加有力一樣。

在談判或辯論中，有時候需要針鋒相對，有時候需要巧施「激將法」，有時候則需要保持緘默，以沉默的態度來迴避問題或是回敬對方。

用沉默這種無言的回敬方式，有時確實能震懾住對方，使對方感到心虛膽怯，不戰自敗，可說是一個相當不錯的談判方法。下面舉一個例子加以說明：

在某國的記者招待會，一位外國記者故意問：「請問貴國是否有雛妓問題？」主持招待會的代表說：「有！」沉默數秒後，又說：「過去曾有！」

可想而知，當第一個「有」字剛出口時，會引起多麼大的震撼，這樣的回答，肯定讓所有在場人士瞠目結舌。然而，經過幾秒鐘的沉默，最後那句話說出口時，人們才在沉默的驚疑中回過神來。

這幾秒鐘的沉默，使所有人都感覺到該國過去與現在的鮮明對比，因而產生出強烈的感染力量。

從這一實例可以瞭解到，有時候沉默並不代表語塞，抑或是語言溝通上突然出現阻礙，反而是一種非常高超的語言表達手段。如果運用恰當，它的效果會出人意料之外的神奇。以下這則例子也能證明這點：

二十世紀四〇年代中期，英、美、蘇三國首腦在波茨坦舉行會議。會間，美國總統杜魯門對史達林說：「美國已研製出一種威力非常大的炸彈。」

這句話的用意在於暗示美國已經擁有原子彈。杜魯門之所以這麼說，是想試探一下史達林對此的態度。

在杜魯門講話的時候，英國首相邱吉爾兩眼直盯著史達林的臉，觀察他的反應。史達林像是故意裝聾作啞，臉上依舊毫無表情，並保持沉默。

後來，不少與會人士回憶當時的情況，都說：「史達林好像有點耳背，根本沒聽清楚杜魯門的話。」

但事實是如何呢？其實，史達林不僅聽清楚了這句話，並且聽出了這句話的真正含義。會後，他對莫洛托夫說：「我們應該加快工作進度。」

史達林爲什麼刻意裝聾作啞？因爲在那種特殊情況下，任何方式的語言表達，都不如沉默來得有效。

請謹記：沉默就是最好的反抗。必要時的沉默能製造懸念，爲自己的反擊留下更多的空間，正如縮回來的手，一旦握緊拳頭打出去將更加有力一樣。因此，在談判的過程中善用「沉默的反擊」，將能爲你帶來極大的利益。

想聽實話，先學會說謊話

日本心理學家多湖輝有句名言：「要讓對方接受嚴厲的條件，一開始就要提出更嚴厲的條件。」

幽默作家馬克吐溫曾說：「有些人相信誠實總是上策。這是迷信，有時候假裝誠實，要比真正的誠實強好幾倍。」

這番話不是教人說謊，只不過，實話和謊話本來就不容易辨別，要使一個不老實的人自動自發地吐出實情，更是一門不容易的學問。

很多時候，想要聽實話，必須先學會說些技術性的假話……

下班後，大衛和佳佳迫不及待的約了見面。

「我今天做了件好事！」一見到佳佳，大衛劈頭就說。

「什麼好事？」

「妳知道我們公司的那個小鄭吧！」

「小鄭？喔，就是你們銀行新來的那個職員。」佳佳的記性不錯。

「是啊！就是他。」

「我記得他看起來傻傻的，是不是出什麼事了？」

大衛抿抿嘴，卻怎麼藏也藏不住嘴角那一抹得意的笑容：「那還用說，他今天嚇得只差沒尿褲子！」

「真的？快說來聽聽！」愛聽八卦是人類的天性，好奇心使得佳佳的聲音一下子提高了八度。

大衛接著說：「他不曉得吃錯了什麼藥，竟然多數了一疊鈔票給客人，這一疊就是三萬塊。」

「天啊！那他不是賠上了整個月的薪水？還找不找得到那個客人啊？」佳佳同情地說。

「就算找得到，人家也不見得會承認哪！」大衛說。

「說的也是，那小鄭只好自認倒楣了。」

「嘿！還好有我在，我挺他，他死不了！」大衛神氣活現地說：「我幫他想了個辦法，叫他去查那個客戶的資料，然後打電話告訴客戶說自己不小心多給了他五萬塊。」

「五萬塊？不是才三萬塊嗎？」佳佳忍不住插嘴。

「嗯，沒錯，那個客戶聽了也是這麼反駁：『什麼五萬塊，不是才三萬嗎？』」大衛模仿著那名客戶的語調，得意地說：「嘿嘿，這下他不就不打自招了嗎？」

美國前總統柯立芝曾強調溝通能力的重要：「言語是人類心智的軍火庫，藏著以往的戰利品，更藏著征服未來的武器。」

確實如此，言語是現代社會必備的競爭資本，溝通的藝術決定你能不能搞定棘手的事情。

日本心理學家多湖輝有句名言：「要讓對方接受嚴厲的條件，一開始就要提出更嚴厲的條件。」

如果只是據實以告，對方大可來個死不承認，不如先設計好圈套，讓他掉入圈套之後，爲了擺脫圈套而不得不供出實情。

「有」或「沒有」只是是非題，無論對方選了哪一個，你都沒有資格否定他的答案，因爲你欠缺相對的證據。

想要套出實情，最好設計一個「選擇題」，讓別人在「壞」與「更壞」中選擇其一。爲了擺脫「更壞」的結果，他只好選擇「壞」的那個答案，二選一，沒有否認的餘地。

輯3

說話繞個彎，更討人喜歡

話中有話，
是高明的待人處世方式之一，
學會將說出的話繞個彎，
才不至於衝撞別人，
更能討得他人的喜歡。

懂得批評，才能發人深省

批評要講究方法，如果只是無意義的謾罵與指責，問題永遠無法解決，反而還會影響自己的人際關係。

每個人都會犯錯，這是難免的。到底要用什麼樣的批評方式，比較能夠讓犯錯者虛心接受呢？

以下，介紹幾種容易被接受的「藝術性批評」：

● 請教式

有一個人在一處貼有「禁止捕撈」公告的水庫內網魚，見遠處走來一名員警，心想這下可糟了。不料，員警走近之後，並沒有大聲訓斥他，反而和氣地說：「先生，您在這裡洗網子，下游的河水豈不被汙染了？」

捕魚者大感汗顏，連忙誠懇地道歉離去。

當犯錯者發覺自己的工作出現錯誤時，多會深感自責。這個時候，其實沒有必要再加以厲聲訓斥，用溫和的方式進行「冷處理」，效果反而會更好。

•安慰式

多從對方的角度考慮問題，真正體會他的用心。你很有可能會發現，站在對方的立場時，你恐怕也會犯下同樣的錯誤。

既然能意識到這一層，就應該注意保持平靜的心情，在給予批評的同時，也留些餘地，給予安慰。畢竟，批評態度過於蠻橫、激烈，很可能會使人生出逆反心理，收到反效果。

當然，你的安慰也應該要有個限度，切記明確你的態度，絕不可以留下鼓勵、勸勉的錯誤印象，那樣同樣無助於問題的解決。

●暗示式

批評本來就是一件令人不痛快的事，尤其是針對那些有「過分殷勤癖」的人。例如，有些秘書對自己的上司十分體貼，但不懂得拿捏分寸。當上司正集中精力、全神貫注地處理一份重要文件時，三番兩次地打擾。

這種時候，你可以告訴這位秘書：「我覺得王秘書不錯，安安靜靜的。」以另一位比較安靜的秘書作榜樣，透過兩相對照，下屬自會心領神會。用這種方法，不但使下屬保住了面子，也維護了自尊，同時了解自己的錯誤，可謂是「一箭雙鵰」的做法。

●模糊式

某公司為了整頓紀律，召開員工大會。

董事長在會上說：「最近我們公司的紀律總體來說不錯，但也有個別人表現較差，有的遲到早退，也有的在上班時間聊天……」

這就是典型的模糊式批評。這位董事長用了不少模糊語言，例如「最近」、「總體」、「個別」、「有的」、「也有的」等等。這樣一來既顧全員工的面子，又指出了問題。這種說法，效果往往比直接點名批評還要好。

●說服式

大多數的批評者，往往把重點放在提出對方「錯」的地方，卻不能清楚地指明應該怎麼做。例如，有的人批評時喜歡說：「你非得這樣做不可嗎？」這是一句廢話，因爲它沒有絲毫實際內容，只純粹表示了個人的不滿意，並造成對方的心理壓力，不利於解決問題。

在指責的同時，也應該指出如何做才是正確的，這樣才更具有說服力，能使被批評者心悅誠服地接受，積極主動改正錯誤。

指出別人的缺點時，氣氛總是很緊張，在緊張的氛圍中把握好說話的分寸，往往又比較困難。批評別人的時候，該怎樣做才能既不傷害對方，又不至於因引起對方的反感而傷害到自己呢？

接下來，提供幾個具體有效的策略：

●先褒後貶

首先表揚對方，以此營造批評的氛圍，能讓對方在愉悅的讚揚同樣中，愉悅地接受批評。人們都有這樣的心理慣性，先聽到別人對自己的某些長處的表揚，再聽到他的批評，心理上會比較不會生出排斥。

●先貶後褒

先在個別問題上給對方嚴厲的批評，然後在主流問題上給予充分讚揚。這種方法同樣能使被批評者感動，收到與先褒後貶一樣好的效果。

●幽默調侃

「法蘭西思想之父」伏爾泰手下，曾經有一個非常懶惰的僕人。一天，伏爾泰要僕人把鞋子拿過來，對方照做了，但鞋上面佈滿汙泥。伏爾泰於是問道：「你怎麼不把它擦乾淨呢？」

「用不著擦吧？先生。路上都是汙泥，兩個小時以後，您的鞋子又會和現在一樣髒。」

伏爾泰沒有講話，穿上鞋，微笑著走出門去。僕人趕忙追上去說：「先生慢走！鑰匙呢？餐廳的鑰匙，我還要吃午飯呢！」

「喔，用不著吃吧？反正兩個小時以後，你又會和現在一樣餓了。」

伏爾泰巧妙地運用幽默的話語，批評了僕人的懶惰。

在批評別人的時候，使用富有哲理的故事、雙關語、生動的比喻等幽默話語，可以舒緩對方被批評時的緊張情緒，啓發思考，甚至增進相互間的感情交流。這樣的批評方法，不但能達到教育的積極目的，同時還可以創造出輕鬆愉快的良性氣氛。

•自我批評

一個孩子不愛唸書，老是翹課，恨鐵不成鋼的母親拿起棍子就要打，旁邊的父親見狀，一邊阻止妻子，一邊對孩子說：「小時候，我和你一樣頑皮，就知道玩，不懂得讀書的重要。後來才體會到，不好好唸書，長大以後要付出更多的努力。現在不懂得把握機會，以後再後悔就晚了，你懂嗎？」

作爲長輩，這位父親勇於把自己曾經的過錯暴露在孩子面前，但他的目的又不在於做自我檢討，而在於以自己的感悟來教育孩子。借己說人，讓我們看到了融自我批評於批評中的魅力和力量。

批評要講究方法，如果只是無意義的謾罵與指責，問題永遠無法解決，反而還會影響自己的人際關係。

說話繞個彎，更討人喜歡

話中有話，是高明的待人處世方式之一，學會將說出的話繞個彎，才不至於衝撞別人，更能討得他人的喜歡。

待人處世時應該坦誠，不說假話，但在人際交往中，有些話卻不可以直接說出口，否則很容易傷人傷己。

東方社會與西方社會不同，人的行爲模式比較特殊，最明顯的一點，就是「意在言外」了。嘴上說喜歡與人直來直往，內心卻往往不眞正喜歡。

提出某種要求，聽見對方回答「不」，未必眞的代表拒絕，很可能只是礙於面子，需要藉拒絕表示客氣、客套、禮貌。此時只要不死心地再提一次，對方可能就同意了。同樣的，人家說「好」，也不一定就表示眞心同意，或許只是不願當面給你難堪。

要想獲得成功，學會說話辦事，就必須懂得察言觀色，善加分辨，認清並巧妙地運用「眞心」與「客套」。

說話時，最好聰明地拐個彎，千萬不要信口直說。每個人都有自尊，需要面子，直來直往容易傷別人的自尊，使人心中不愉快，導致造成雙方關係破裂，甚至反目成仇。

朱元璋稱帝後，要冊封百官，但看完名冊，心裡犯起了愁。功臣有數，但親朋不少。要封，無功受祿，恐怕群臣不服；不封的話，面子上過不去。

軍師劉伯溫看出了皇帝的難處，但不敢直諫，一來怕得罪皇親國戚，惹來麻煩；二來怕朱元璋無法接受，落下罪名。不過，這畢竟是國家大事，不能視而不見，於是他想出了一個辦法。

他畫了一幅人頭像，人頭上長著好幾束亂髮，每束髮上都頂著一頂烏紗帽，獻給了朱元璋。

朱元璋接過畫，細品其味，忽然哈哈大笑道：「軍師畫中有話，乃苦口良藥。真可謂人不可無師，無師則愚；國不可無賢，無賢則衰！」

原來，劉伯溫畫中的意思，是「官（冠）多法（髮）亂」。

此舉，不但不傷朱元璋的面子，沒有觸犯龍顏，還道出了諫言：官多法必亂，法亂國必傾，國傾君必亡。

話中有話，柔中有剛，是高明的待人處世方式之一，使聽話的人懂得弦外之音，達到預期目的。

學會將說出的話繞個彎，如此才不至於衝撞別人，更能討得他人的喜歡。

某甲是一家公司的中級職員，卻一直升不了職。和他同年齡、同時進公司的同事，不是外調獨當一面，就是成了他的頂頭上司。另外，雖然大家都稱讚他人很好，他的朋友卻不多，不但下了班沒有「應酬」，在公司裡也常獨來獨往，不大受歡迎。

歸根究柢，某甲的能力並不差，也有相當好的觀察、分析能力，問題在於他說話太直接，總是不加修飾，因而直接或間接地破壞自己的人際關係。

其實，「直話直說」是一種很可愛、很值得珍惜的特質，也唯有這種人，讓是非、眞僞，以及人的優缺點得以分明。只是也不可否認，在現實社會裡，「直話直說」有可能是人的致命傷。

「直話直說」是一把傷人又傷己的雙面利刃，有這種性格的人應當深思，並且建立新觀念，在待人處世方面，儘量減少直言指陳他人處事的不當，或糾正他人性格上的弱點。

「直話直說」往往無法產生太大的效用，因爲每個人都有一個內心堡壘，「自我」縮藏在裡面，「直話直說」正好把他的堡壘攻破，硬要把他從堡壘裡揪出來，他當然不會高興。說話，最聰明的是迂迴進攻，點到爲止。

婉言激勵更能展現積極意義

盡量使用溫和的態度面對你的批評對象，盡可能剔除情緒成份，學會藉由表情、態度、聲調增加批評語的積極效果，進而達到激勵目的。

批評他人時要講究技巧，不能一味譏諷、挖苦，傷害到人家的自尊心和面子，否則只會導致負面效應，無法發揮催人奮進、勸人改過的積極作用。

戰國時期，魏國吞併了中山，魏文侯便把這塊新侵佔的土地，分封給自己的兒子。事過不久，他問群臣：「我是一位怎樣的君主？」

群臣齊聲答道：「仁君。」

不料，大臣任座卻大聲地說：「您得了中山，不封給自己的弟弟，卻封給了自己的兒子，怎麼能說是仁君呢？」

按照當時的禮儀，這樣的地方都應封賞給君主的兄弟，魏文侯這樣做，顯然不合禮儀制度。魏文侯聽了大怒，任座得罪了君主，只得急忙逃離魏國。

後來，魏文侯又問大臣翟璜同樣的問題，翟璜回答說：「您是仁君。」

魏文侯追問：「你為什麼這樣認為？」

翟璜說：「我聽說，君主寬厚，大臣就耿直。任座說話那麼坦率，這足以說明您是一位仁君。」

魏文侯聽了，又喜又羞，趕緊叫翟璜把任座請回來，並親自下堂迎接，待為上賓，將中山改封他人。

大臣任座批評魏文侯時，不注意方式，快人快語，說了刺激君主的話。兩相比較，翟璜顯然很懂得批評的藝術，寓貶於褒，表面上聽來是在稱讚文侯，實際上隱含著批評，既間接地提點了不妥行爲，又沒有傷到魏文侯的尊嚴，還使他猛然醒悟。

對方有了缺點或犯了錯誤，最忌一味地橫加批評、講刺話，這種方式十分不妥當，免不了傷害對方的自尊與自信。

此時，倒不如換種語氣，換句說法，比如：「從今以後，你自己要多加注意」，或者「我想，下次你一定不會再犯這樣的錯誤了」……諸如此類。對方聽了，不僅感激你對他的信任，同時還會感受到你的真誠，更重要的是，由此下定了改正錯誤的信心與決心。

盡量使用溫和的態度面對你的批評對象，盡可能剔除情緒成份，學會藉由表情、態度、聲調增加批評語的積極效果，進而達到激勵目的。

將心比心，尋求雙贏

站在對方的角度謀劃和考慮，了解他的心理需求與困難，這種將心比心的說服方法，更容易使人接受。

大多數商場上的談判都只顧己方利益，不管別人的需要和目的。其實，這反而是不高明的。在激烈的競爭中，採用此種策略的一方往往會導致商談破裂，尤其在商談陷入僵局的情況下。

只顧自己，必然將招致相對的不友善回應。在商談中，將心比心既是己方要做到的，也可以成爲向對方發起攻擊的武器之一。

保衛了自己的尊嚴，同時也考慮對方的利益，就是所謂的將心比心。這樣的發言，讓人無法拒絕。

某布莊有位店員，營業額比其他人都高。有人好奇地問他：「你的好成績，是不是源於能言善道？」

他回答說：「不，我的成功秘訣在善於理解、體察顧客的心理。」

一天，有位顧客站在櫃檯前，對某塊布料讚不絕口。憑經驗，他判斷這位顧客想買塊布料，於是趕忙迎上前去說：「您想買這塊料子嗎？這塊料子很不錯，但您要看仔細，它的染色深淺比較不一，也因為這樣才便宜。我要是您，會寧可多花些錢，買那一塊。」

說著，他從櫃檯裡抽出一匹帶隱條的布料，在燈光下展開，又說道：「這種料子做出來的衣服更好看，美觀大方，比您剛才看的那種，每尺多二十元，做一套衣服只多五十元左右。您可以考慮一下，哪個比較划算？」

顧客見這位店員如此熱情，不僅幫自己精心挑選，而且提供十分得體的建議，自然不多猶豫，買下了他推薦的布料。

這位店員之所以能夠成功地做成這筆生意，就是因爲運用了將心比心術。站在買方的立場上精打細算，現身說法，使顧客的戒備心理、抗拒心理都大大降低，並且產生認同感。

站在對方的角度謀劃和考慮，了解他的心理需求與困難，這種將心比心的說服方法更容易使人接受，爲彼此帶來雙贏。

轉個彎，說話更簡單

分析顧客異議的真正根源、異議的性質、以及顧客類型，才可以取得退一步進兩步的效果。

間接處理顧客意見，是指推銷人員根據有關事實與理由，間接否定顧客異議的一種處理策略。間接處理法適用於因顧客的無知、成見、片面經驗、資訊不足與個性所引起的購買異議。

使用間接處理法處理顧客異議時，首先需表示對異議的同情、理解，或者僅僅是簡單地重複，使顧客心理得到暫時的平衡，然後再轉移話題，對顧客的異議進行反駁處理。

因此，間接處理法一般不會冒犯顧客，能保持較爲良好的推銷氣氛，而重複顧客異議並表示同情的過程，又給了推銷人員一個躲閃的機會，使得到時間進行思考和分析，判斷異議的性質與根源。

間接處理法使顧客感到被尊重，被承認，被理解，雖然異議被否定，但在情感與思想上可以接受。

使用間接處理法處理顧客異議，比反駁法委婉些，誠懇些，所收到的效果也更好。但在應用間接處理法時，應注意以下幾方面的問題：

第一，間接處理法不適用於敏感、固執、自我個性強、具有理智性購買動機的顧客，亦不適用於探索性、疑問類的顧客異議，而只適用於武斷性、陳述性的顧客異議。

第二，推銷人員不能直接否定顧客異議，更不能直接反駁，這是間接處理法的要求與實質性的優點。間接處理法要求推銷人員首先避開顧客來勢迅猛的異議，然後轉換角度，改變方向，再間接地反駁。

第三，推銷人員應注意選擇好重新說服的角度。

間接處理法的成功關鍵，在於避開顧客異議後，從什麼角度，以什麼思維方法，

用什麼內容及重點重新開展推銷說明。這正像拳擊手避開攻勢後，必須研究並選擇重新進攻的方法及出擊的部位一樣。

推銷人員應認眞利用重複與肯定顧客異議的機會，進行分析思考，分析判斷顧客異議的眞正根源、異議的性質、以及顧客類型，然後，針對顧客的無知、顧客的主要購買動機、以及購買目的，就推銷產品的主要優點等等開展重點推銷。只有這樣，才可以取得退一步進兩步的效果，不然可能導致新的異議產生，事倍功半。

第四，推銷人員應圍繞著推銷的新要點，提供大量資訊。由於前段推銷已導致顧客產生異議，所以在轉換推銷方向後，應圍繞重新選擇的推銷要點，再次提供資訊，重新揣摸顧客思維和心理活動規律。

重點推銷可以克服間接處理法的局限性，後續資訊的內容及數量，是間接處理法取得成效的關鍵。

第五，注意轉換詞的選配。怎樣轉換話題是有效使用間接處理法的一個重點，爲了使推銷活動與顧客的思維出現轉折，可以用的轉折語有很多，如「但是」、「不過」、「然而」、「除非」、「誠然」等等，其中「但是」用起來語氣最生硬，讓顧客聽起來不舒服，最好避免。

所以，推銷人員爲了防止間接處理法的局限性，以及可能引起的不滿情緒，應針對不同的顧客，注意選用不同的轉換詞，儘量做到語氣委婉，轉折自然。

例如在說了「您的看法有一定道理」後，可以續加的詞語有「而且我還可以補充」、「假如……其實還可以……」等等，效果會更好。

但是必須切記，沒有任何一種方法是萬靈丹，無論如何都得保持彈性，以見什麼人，說什麼話爲最高原則。

對話是傳接球，不是躲避球

人都是以自我為中心的，根據這個基礎，你可以調整談話內容。當別人的嗜好跟你不同時，討論他們感興趣的話題，絕對更有利。

與陌生人初次見面時，往往會問及「你是哪裡人」、「你在哪裡工作」、「你是哪間學校畢業的」……等問題。

這種行爲的目的，就在尋找彼此交談的共同點。

比如，當你知道了對方的家鄉後，可以說：「哦！原來是那裡啊！那個地方我曾經去過。」這樣一來，對方心中馬上就可能產生親切感，你與他在心理上的距離將隨之縮短。

難道不是嗎？試想，當碰到自己的同鄉或校友，即便雙方不過初次見面，是不是也會有種不一樣的親切感呢？

從事推銷工作的孟先生，每當與人交談不那麼順利時，都會巧妙地將話題轉向對方的家庭或孩子等方面。

有一次，他接待了一位表情冷淡、不苟言笑的客戶。談到一半，孟先生忽然話鋒一轉道：「令郎現在讀小學五年級了吧？」

聽到這句話，那位客戶立刻從嚴肅轉為和藹，笑著回答：「你知道得很清楚啊！那小傢伙可調皮了！」

氣氛因為這句話而改變，接下來，兩人的談話順利了很多。以孩子作為話題，孟先生成功地達成了「情感交流」。

當別人對你的話題產生興趣，並且願意參加你的談話，你就有了與他對話的機會。說話，如同玩接球遊戲，不應該是單向的。假使有人漏掉了這個球，必然會有一段難堪的時刻。

一些年輕學生常常提及，他們與情人約會過程中，不能保持生動的對話。事實上這並不難，只要提出一些使談話得以繼續進行的話題，就可以了。

人都是以自我爲中心的，根據這個基礎，你可以調整談話內容。當別人的嗜好跟你不同時，討論他們感興趣的話題，絕對更有利。

滿足自己的自尊心之前，先滿足別人的自尊心吧！

給予越多，我們就變得越理智；爲別人考慮越多，別人爲我們考慮也越多。尊重他人，自然能贏得更多的尊重。

別急著拋談話的球，先找到有心接受的人再行動吧！拋球的技術越好，參與的雙方越投入，遊戲就越有趣。

說服的關鍵，在於口才表現

適度的自我宣傳與推銷，輔以具緩和作用的幽默感，使一切在親切融洽氣氛中進行，是達成交易的最理想情境。

顧名思義，凡是「說服」行動，必定跟語言脫不了關係。事實也確實如此，我們可以說，說服的關鍵正在於口才表現。

● 怎樣發揮「攻心」效應

一家銷售名貴珠寶的銀樓，一早開門不久，便走進一對華僑夫婦。夫人看中了一隻相當華美的鑽石戒指，從女店員手中接過之後看了又看，顯然是愛不釋手。但當她看清標價後，便搖了搖頭，顯現出為難的樣子。

夫人說：「好是好，就是……」

女店員一聽，心下會意，馬上接口：「夫人，您真有眼光，這戒指確實漂亮，但相對的價格也高。上個月，市長夫人來到店裡，也同樣看上了它，非常喜歡，但因為價錢問題，終究是沒有買下。」

這時，那始終沉默的先生開口了：「小姐，真有這樣的事情嗎？連市長夫人都喜歡這個戒指？」

女店員當即點了點頭，只見先生考慮了一下，說：「小姐，請開發票，我要買下這個戒指。」

於是，這枚放在店裡兩年始終未能售出、價格昂貴得驚人的鑽石戒指，終於順利成交。

這個例子之所以成功，訣竅正在於巧妙運用了語言的「攻心」效應，以堂堂市長夫人也未能買下的消息爲「誘餌」，激發那名華僑先生「求名」的心理慾望，達成交易。

●進行自我宣傳與自我推銷

人們在自我誇耀時，總多少感到左右爲難，希望表現自己，讓別人賞識，同時又害怕被別人認爲自誇自大，一點不懂得謙虛。

在東方社會，長久以來的道德標準認定謙讓是美德，可隨著時代變遷，社會競爭日趨激烈，「自我推銷」顯得越來越重要。

學會適度自誇是相當重要的才能，而在進行自我誇耀時，首要就是表現幽默感，務求讓別人在笑聲中接受。

自誇並不可恥，而是一種宣傳，畢竟廣告是所有商業行爲的基礎。但是，如果採用過分或低俗的方式自我炫耀，就會招致反感。因此，自我宣傳和自我誇耀首先應具有適度的幽默感，並保持在適當程度。

例如，日本的「丸牛百貨公司」，有一句相當幽默的廣告語：「除了愛人，什麼東西都賣給你。」

●說服顧客是盈利的關鍵

不管在哪一行業，說服客人的能力都是非常重要的經營之道。以下是幾則小笑話，開懷之餘，也請你細細品味對話中的奧妙：

有位為自己身後事著想的老人，來到一家葬儀社，打算預購棺材。店主一聽，很熱心地向他介紹各種價格不同的棺材。

聽了半天之後，老人忍不住詢問店主：「請問一下，三十萬元的和兩萬元的，究竟有什麼不同？」

「不同可大了！最明顯來說，三十萬元的棺材設計比較符合人體工學，內部有足夠的空間，可以讓你的手腳充分伸展。」

另一則笑話則與生髮水相關，是這樣說的：

一名客人聽了老闆大力介紹的某種強效生髮水後，疑惑地問道：「這……真的有效嗎？」

「當然啦！我的顧客當中，甚至有人連續用了五年啊！」

也有另一種版本，面對同樣的質問，老闆如此回答：「那當然啦！不過這種藥在使用上稍微有點麻煩，就是必須要用棉花棒擦抹。那些以前用手直接沾著擦的客人，事後都抱怨連連，說雙手都長了毛，簡直跟猴子沒兩樣。」

推銷的最大忌諱，就是激怒客人，因此可說幽默感是必備「武器」。適度可信的自我宣傳與推銷，輔以具備緩和作用的幽默感，使一切在親切融洽的氣氛中進行，是達成交易的最理想情境。

將說服看作最巧妙的藝術

一個微笑，一個伸腰擺手的動作，或僅僅挪動一下位置，都足以說明對方情緒與認知的轉變。

說服，即指透過說理，使對方理解並信服，是一種十分重要的語言藝術，若是無法達成，便不可能進行資訊溝通，更別說是達到銷售、推薦的目的了。

說服的基礎，在於道理的清楚傳達，但這還不夠，因爲對方不見得能夠認同，能夠信任，因此還需要其他技巧的幫助。

簡單來講，說服行爲，實際上包括了以理服人、以情感人、以利誘人、察言觀色這四個方面。

● 以理服人

要做到以理服人，首先自己要明理，在行動前做好充分準備。

兩大必備要件之一，首要在講清道理，有條不紊地闡述事件的理論依據。講清道理的過程，也就等同邏輯思辨過程，哪些該先講，哪些該最後再講？哪些是重點，必須反覆不停地闡明？凡此種種，都要預先做好準備。

必備要件之二，就是例證。舉出大量實例以證明要說服的道理，可以收到相當的效果與力量，所舉的例子當然是越現實越好，最好是發生在生活周遭的眞人眞事，如此可信度更高。

說服的語言則應簡明扼要，把道理說清楚、說透徹就可以了，千萬不要囉嗦，更不要畫蛇添足。

說服時，宜採用謙和、商量的語氣，不要擺出權威的架勢。如果可以，盡可能提些問題，或鼓勵消費者提出問題，用以加強效果。

● 以情感人

說服的語言應該是充滿情感的語言。銷售系統本身是一個群體，有關群體的心理現象，自然會在對內對外的交往中表現。推銷員若能帶著自豪與自信的感情來介紹商品，必然會感染顧客。

• 以利誘人

介紹產品的優點時，應著重於價格、品質、特色、完善的售後服務等方面，進行全方位介紹，如果有同類產品，可以用比較法說明，以求更具體突顯自家產品或服務的優異。

• 察言觀色

對方能否被說服，一則在於口才，另一方面還在於你能否抓住他的心理活動，有針對性地使用語言，以便使情理交替，收到雙倍效果。

如果拿捏得好，往往連持否定態度的人都能被說服。

說服開始的首要任務，在於透過肢體語言揣測對方的態度。

有一種人生來便喜形於色，很容易表現出自己的態度與情緒，因此好惡也非常明顯。也有一些人，不願意表現自己，傾向於將一切掩飾，但由於不夠自然，反而更將心內想法暴露無遺。眞正能夠做到不露神色者，畢竟是極少數。

對於比較壓抑、內斂、冷淡的人，採用開門見山的方式說服，效果往往不佳，不如先建立感情聯繫，運用自身魅力和口才，表現內心友好與誠意態度，拉近彼此之間的距離。

說服進行時，除了必須注意說話的內容，更要留心觀察神態表情的變化，一個微笑，一個伸腰擺手的動作，或僅僅挪動一下位置，都足以說明對方情緒與認知的轉變。

當然，如果對方毫無變化，甚至態度變得更壞，就要適可而止，寧願暫時不談或轉移目標，談些別的主題。

把說服當作一種藝術，把自己看成一個正在創作的藝術家，將有助於以更敏銳的感知探求對方的心理變化，從而眞正做到「見什麼人，說什麼話」。

喊出名字是關係建立的開始

讓陌生人成為朋友，以言語打動他人的兩大原則，就是記住對方的姓名，並真心付出關懷。

「人類行為雖複雜，其中卻包含一個極重要的法則，遵從這個法則行事，大概不會惹來棘手的大麻煩。甚至進一步說，如果我們遵守這個法則，便可以得到許多友誼和快樂。」

「這個永恆不滅的法則，就是『時時讓別人感覺自己的重要』。你若是能準確投合人性最深刻的渴求，就等同在對方的感情帳戶內，存入更多有利於生意成交的資本。」

以上是一位心理學家的說法，運用到商業經銷領域，重點很明確，就是「讓顧客感到自己備受重視」。

達到這個目的的方法很多，最重要是由兩個面向著手：

●記住名字

名字所象徵的意義，不僅僅是一種代稱，喊出對方的名字，他們會感覺聆聽到世界上最悅耳的音符。

可以說，名字是構成個人身份和自尊最不可或缺的要素。人性天生的本能告訴我們，那些能夠記得自己名字的人，一定相對較重視自己。

所以，要想以言語敲開他人緊閉的心門，與很難打交道的客戶建立關係，最簡單也最有效的辦法，就是記住他們的名字。

每當和陌生人或潛在的事業夥伴進行接觸，一定要想辦法探聽出對方的名字，而且務求正確。

然後，在談話過程中，你要盡可能地讓自己一有機會就提及他的姓名，以強調對他的重視。

聰明的生意人懂得見什麼人，說什麼話，而毫無疑問，自己的「名字」是人人都愛聽的話。

發萊，一個從未受過中學教育的人，在四十六歲那年當上了美國民主黨全國委員會主席，甚且成功地幫助羅斯福登上美國總統的寶座。

他的成功秘訣是什麼呢？

出乎意料，答案竟在於「能夠叫出五萬人的名字」。

無論什麼時候，只要遇到不認識的人，他都會問清對方的全名、家裡人口、職業以及政治傾向，然後牢牢記住。

下一回再遇到那個人，即使已經過了很長一段時間，仍能拍拍對方的肩膀，問候他的妻子兒女，甚至後院栽種的花草。

做到這種地步，有那麼多選民願意追隨，也就不足爲怪了。

李小姐是一位經驗老到的業務員，剛剛接手一個地區的業務，立刻前往拜訪一位可能的客戶。

走進某企業的辦公大樓後，她直接找到總經理辦公室，非常自信地走向秘書小姐，伸手說：「您好，敝姓李，請問您是？」

秘書小姐自然不得不伸出手說：「我姓張，請問您有什麼事？」

一來一往之間，李小姐巧妙地得到了對方的名字，並在接下來的談話中不斷提及，立刻讓秘書小姐有一種受到重視的感覺，之後，再請她幫忙安排時段，引見總經理，也就容易許多，甚且順理成章了。

身爲一位推銷員或業務員，或者店員，在和陌生人打交道之前，請千萬記住——沒有什麼比記住顧客的名字更重要。

●真誠關心

《伊索寓言》中有一句名言：「太陽的溫和炎熱，要比驕傲狂暴的北風，更容易脫去行人的外衣。」

所有經商者都必須認清，顧客絕對不是敵人，更不是討厭的傢伙，而是自己的朋友，或者更直白一點形容，就是「衣食父母」。所以，要做到的很簡單，就是把注意力從「我」轉到「您」身上，把每一個和自己交談的陌生人都當作「朋友」來關懷，竭盡所能，去體會他的喜怒哀樂，解決他的問題，滿足他的需求，說他喜歡聽的話。只要讓對方覺得你眞心對他好，當然會讓你得到應有回報——一筆成交的生意和眞正發自內心的感謝。

關心別人，並讓別人明確感受，必須做到：

1.眞誠自然地對他人心存感激。
2.來到任何一個環境，都不忘向在場的每一個人打招呼。
3.用熱誠、有精神的態度向人致意。
4.設身處地去了解、體會對方的困難與需求。
5.投入時間與精力，為他人多做一些事。

比如，一位孤身在外闖天下的人，常常會在假日或節慶時感覺寂寞孤單。那麼，多打幾次電話，或者請他出來參加聚會，將有如雪中送炭般及時，足以讓他銘記在心裡。

如果你聽到客戶驕傲地談起孩子在繪畫比賽中獲獎，下次見面前，不妨挑一本好的畫冊或一盒好的顏料作爲禮物餽贈，一點小小心意，將是最好的恭維。做到這種地步，還怕對方拒你於千里之外嗎？

關懷是一條雙向道，在付出的同時得到收穫。

你的誠摯關懷將會如同一股暖流，不斷灌入對方的心田，讓友誼的種子生根發芽，結出令人欣喜的果實。

讓陌生人成爲朋友，以言語打動他人的兩大原則，就是記住對方的姓名，並眞心付出關懷。

見什麼人，說什麼話。毫無疑問，名字，就是顧客愛聽的話。

輯4

說服，從拉近心理距離開始

口口聲聲都是「我們」，
不僅表示排除了自我，
且能觸發聽眾對集體的歸屬意識，
即使厭惡被迫接受，也會不知不覺地軟化。

給別人台階下，才能避免尷尬

不但要盡量避免不慎造成別人下不了台的情況，而且要學會在他人可能不好下台時，巧妙地提供「台階」。

順著台階，才能往下走。給別人下台階，才能避免尷尬。

身在社交場合，每個人都必須展現在別人面前，因此無不格外注意自身社交形象的塑造，並且表現出較平時更爲強烈的自尊心和虛榮心。

在社交活動中，適時地爲陷入尷尬境地者提供恰當的「台階」，使他免失面子，是處世的一大原則，也是爲人的一種美德。這不僅能使你獲得對方的好感，也有助於樹立良好的社交形象。

不過，提供台「階時」，有幾點需要注意：

•不露聲色

既能使當事者體面地走出窘境，又盡量不使在場的旁人覺察，這才是最巧妙的「台階」。

•巧用幽默語言

幽默是人與人交往的潤滑劑，一句幽默的話語，往往能使雙方在笑聲中相互諒解和愉悅。

•盡可能為對方挽回面子

當遇到意外情況，使人陷入尷尬境地時，提供「台階」的同時，如能採取一些相應的措施，及時挽回對方的面子，甚至再增添一些光彩，自是最好不過。

至於下列社交失誤，足以使人感到難堪，一定要避免：

•揭對方的錯處或隱處

在交際中，如果不是爲了某種特殊需要，一般應盡量避免觸及對方忌諱的敏感區，避免使人當眾出醜。

一家人來人往的大酒店中，一位賓客吃完最後一道茶點，順手把精美的景泰藍筷子放入自己的西裝內袋裡。

服務小姐見狀，不動聲色地迎上前去，雙手擎著一只裝有景泰藍筷子的綢面小匣子說：「我發現先生在用餐時，對景泰藍筷子愛不釋手，頗為賞識。為了表達感激，經主管批准，我代表酒店，將這雙圖案最為精美、經過嚴格消毒處理的景泰藍筷子奉上，並以最優惠價格記在您的帳單上，您看好嗎？」

那位賓客當然明白這些話的弦外之音，表示了謝意之後，連說自己多喝了兩杯，頭腦有點發暈，誤將筷子放入衣袋裡，聰明地藉此「台階」說：「當然是消毒過的更好，我就『以舊換新』吧！」

說著，取出衣袋裡的筷子，客氣地放回餐桌上，接過小匣，不失風度地向櫃檯結帳去。

● 張揚對方的失誤

在社交場合中，誰都可能不小心發生小失誤，比如念錯字、講了外行話、記錯別人的姓名或職務、禮節失當……等等。

發現別人出現這類情況時，只要無關大局，就不必大加張揚，使本來可以被忽視的小過失一下變得顯眼。尤其更不可抱著譏諷的態度小題大作，拿人家的失誤在衆人面前取樂。

這樣做只能換得一時的開心，隨後必將因小失大，不僅會使對方難堪，傷害他的自尊心，也不利於你自己的社交形象，容易使別人覺得你爲人刻薄，在今後的交往中敬而遠之、產生戒心。

●讓對方敗得太慘

爲人處事，就像下棋，只有那些閱歷不深的小毛頭，才會一口氣贏個七八盤，贏到別人漲紅了臉、抬不起頭，還在一個勁兒喊「將軍」。

社交中，常會進行一些帶有比賽性、競爭性的活動。儘管最終目的在娛樂，但大家還是免不了希望成爲勝利者，這是人之常情。

有經驗的社交者，在自己實力雄厚、絕對足以取勝的情況下，多半會刻意留一手，非但不使對方輸得很慘、狼狽不堪，甚至還可能有意地讓人勝一兩局。如此一來，既不妨礙自己在總體上的獲勝，又不使對手太失面子。

不但要盡量避免因自己的不慎，造成別人下不了台的情況，而且要學會在他人可能不好下台時，巧妙及時地提供一個「台階」。學會這個技巧，對口才、待人接物能力的提升，將有明顯幫助。

在競爭越來越激烈的商業社會，說話能力決定一個人的競爭力，因此你既必須洞悉處世心理學，也必須增強自己的表達能力。

每個人都喜歡聽好聽的話，想要脫穎而出，與別人互動的過程中，如何照顧別人的心理，如何把話說進別人的心坎裡，絕對是必修的學分。

在合適的時機，說合適的話

提出建議，固然是一種真誠、熱情、友善的表現，但必須注意態度，並選擇合適的時機，採用委婉的語氣，才能避免傷害別人的自尊。

很多人失敗，並不是敗於實力不濟，而是不知道運用「語言」這項利器，不知道什麼時候該說什麼話。唯有細心研讀並靈活應用語言的魅力，具備良好的說話能力，才能增強自己的競爭力。

人人都愛面子，一方面極力維護自尊，一方面渴望被別人尊重。

交談中惡語傷人，會極大地傷害別人的面子；交際中冷落別人，也會使人感到失面子；批評時，把人批得體無完膚，談判時使對方無言以對，或處處感到被操縱，都會使人感到有失面子。

當人們感到失了面子時，便會固執己見，不肯退讓。在這種情形下，考慮的不再是問題的是與否，一心只想盡力維護自己的觀點。尤有甚者，會採取針鋒相對的辦法，使對方也同樣感到難堪。

多數英明的領導者都認同，表揚時應該大造輿論，讓更多人分享成功的喜悅，同時盡可能用書面形式如獎狀等，延長表揚的喜悅和影響。至於批評則正好相反，應該單獨進行，並且注意可能產生的副作用，盡可能消除對方不愉快的心理影響。

有一句話說：「假如你想表揚一個人，用書面；假如你想批評一個人，用電話。」正是給別人留面子的做法。

不在第三者面前，尤其不在集體或具有特殊意義的人面前，批評一個人。隨意在別人面前批評人，最容易造成傷害。如果被批評者也是個領導者，將會因此而降低威信。

當衆批評，有時還會引起其他人的不安全感，批評者會被認爲苛刻、缺乏同情心。比較合適的辦法，還是私下談話，以討論的形式說出意見，避免不必要的矛盾。

此外，若是時間與情況允許，可以把問題暫時擱置，待雙方都冷靜下來之後，再用「不經意提醒」的方式進行。

這種方式，可以避免不冷靜的批評，也可以減少對方因失誤產生的不安，避免影響其他環節的工作。

當談話使對方處於窘境時，應該給個台階下，這不是妥協，是爲談話和緩地結束創造條件。顧全面子的策略或者小藉口，誰也不會當眞，但在當下卻可能很有必要。

有損別人面子的事情一定不要做，有損別人面子的話也一定不要說。一不小心傷害了他人的自尊，不僅使人際關係惡化，而且可能帶來不可彌補的損失。

人的自尊心比金錢更重要。一個人失去金錢，尚可忍受，可自尊心受到傷害，絕不會善罷干休。

有時候，我們雖然不是刻意，卻可能因爲一句無心之話，或一時口快而傷害別人，爲自己樹立敵人。

一次年終總結會上，經理正說到興頭上：「經過各位的辛勤工作，今年本部門共創造了兩百六十萬美元的利潤……」

「錯了，錯了！」小孫冷不防打斷經理的報告，「這只是上半年的資料，實際上，我們全年的利潤總額，已經達到三百八十萬美元！」

經理滿面通紅，尷尬萬分，勉強地把報告做完，會議草草收場。

現實生活中，類似小孫這樣心直口快的人不在少數，每當看到別人有什麼過錯，或者有看不慣的地方，就急急忙忙提出來。儘管是出於一片好意，提出的意見也很有價值，但由於不注意場合，不考慮方式，往往讓人感到沒面子，不但達不到應有的效果，還會使聽者心存芥蒂。

如果那位經理有容人之量，自然不會把如此一件小事放在心上，可萬一碰上的是一個比較愛面子的人，必定會把這件事情認爲是對他的不敬與冒犯，小孫往後的處境就很尷尬了。

相信很多人都有過親身體驗，被人直接了當地指出不足之處，並要求改正時，雖然明知道他說的是正確的，心裡仍感到不痛快，嘴上也不服氣地反駁，甚至會爲了爭自己的面子，與之對衝。

由此可知，提出建議，固然是一種真誠、熱情、友善的表現，但必須注意態度，並選擇合適的時機，採用委婉的語氣，以對方容易接受的方式表明自身觀點，才能避免傷害別人的自尊。

在合適的時機，說合適的話。透過友善溝通、婉轉批評與自我批評，維護提高雙方的自尊，才能達到成功的標準。

與其多說，不如適時沉默

在特定的環境中，可藉沉默來表達心中的想法。透過這種毫不費力又不傷和氣的方法來達到目的，是真正明智的選擇。

作為上司，免不了要碰上下屬犯錯的時候。

此時，這位下屬內心一定充滿恐懼，害怕同事們的埋怨、上司的斥責，擔憂得惶惶不可終日。

如果你看到他表現出這樣的神態，那麼，大可不必再因為他的過失而給予嚴厲責怪。運用「此時無聲勝有聲」策略，更加有效。

一座寺廟裡，有一位德高望重的長老，手下有一個非常不聽話的小和尚，總是三更半夜越牆而出，早上天未亮再越牆而入。

長老一直想管教一下小和尚，但苦於沒有證據，無法採取行動。

這一天深夜，長老在寺廟裡巡夜，在高牆邊發現一把椅子。他知道那個小和尚必定藉此翻牆到了寺外，於是悄悄地搬走椅子，自己在原地守候。

天明前，外出的小和尚回來了。他爬上牆，再跳到「椅子」上。突然，感覺「椅子」變了，軟軟的，甚至有點彈性。落地後才知道，自己踩著的「椅子」已換成了長老，嚇得倉皇離去。

以後的日子裡，小和尚覺得度日如年，天天都誠惶誠恐地等待著懲罰，長老卻和從前一樣，對這件事隻字未提。

小和尚覺得再也無法忍受了，不想每天都在煎熬中度過，鼓起勇氣找到長老，誠懇地認了錯。出乎意料，長老聽完後只寬容地笑了笑，說：「不用擔心，這件事只有天知、地知、你知、我知。」

小和尚感動萬分，也備受鼓舞，從此收住心，再也沒有翻過牆。經過刻苦的修習，若干年後，接替圓寂的老和尚，成了長老。

看完這個故事，讓我們再看一個實例：

一九四一年十二月七日，日本海軍偷襲珍珠港成功。

儘管美軍損失慘重，太平洋艦隊幾乎全軍覆沒，但美國議員之中，仍有不少人反對向日本宣戰。

當時，羅斯福已經將局勢分析得十分明朗，他十分明白，如果不趁日軍立足未穩時發動戰爭，再拖延下去，將來的戰況將會變得異常艱鉅。

同時，他也明白那些持反對態度的人的想法。

第一次世界大戰，美國直到最後階段才參戰，且戰爭並未在本土進行，反而因此大發其財。可是現在狀況不同，一旦參戰，國內經濟必受影響，同時，勝負還很難預料。如果戰事對美國不利，到時如何收場？

羅斯福理解這些人的顧慮，但他以政治家的眼光覺察出，種種擔憂都毫無必要，美國必須參戰。

如何才能表達出他對這些人的不滿，以及必然能夠取勝的信心呢？一次會議上，所有人又為該戰還是不戰爭論不休，雙腿殘疾的羅斯福突然想要站起來。見他辛苦掙扎的樣子，兩名侍從慌忙上前想幫他一把，意想不到的是，羅斯福竟憤怒地將他們推開。

在眾人驚訝的目光注視下，羅斯福搖搖晃晃地從椅子上緩緩站起，滿臉痛苦卻倔強地堅持著，默默看向周圍的人，一言不發。

電視機前的所有觀眾都看到了這一畫面，他們感動了。是呀！有什麼困難是不能克服的呢？國會很快做出了決議——對日宣戰！

有些時候，在特定的環境中，完全可以不必說那麼多話，以沉默來表達心中的想法，效果更好。透過這種毫不費力又不傷和氣的方法以達到目的，是真正明智的選擇。

食言而肥，就沒有第二次機會

不準備兌現的輕率承諾無異於騙局，一旦食言，將會令你信用掃地。承諾，絕對不能當兒戲。

最失敗、最不受同情的，就是言而無信的人。

需要幫助的時候，又是保證又是承諾，好話一籮筐，說服大家紛紛效命，可一等事情結束就開始毀諾，把說過的話全忘光。這樣的人，必定失去人心，將來不管再碰到怎樣的困境，都不會有人同情，更別說是伸出援手了。

無論是什麼人，都不能輕易許諾，更不能輕易毀諾。許下的諾言不能實現，必將導致人際交往的失敗。

輕易對別人許諾，表示根本就沒有考慮過自己的能力，以及實現過程中可能遇到的種種困難，徒然給人留下「不守信用」的壞印象。

許諾越多，問題越多。所以，「輕諾」的結果必然是「寡信」。有幾分把握就該做幾分承諾，千萬不可開空頭支票。

不把話說得過滿，是一種分寸。

商務交際中，信守承諾是贏得信譽的最基本準則。

一般來說，對於正式場合的承諾，如簽字或協議，很少有人自食其言，往往能採取嚴肅認真的態度竭力兌現。然而，對於另一種承諾——口頭承諾，看待態度就各有不同了。

有些人對口頭承諾的認識不足，每句輕率承諾，事後又不盡力兌現，以至造成不良的後果。

一七九三年三月，拿破崙偕同新婚妻子參觀了盧森堡的一所學校，受到校方的熱情款待。

拿破崙夫婦很受感動，當場送給校長一束價值三個金路易的玫瑰花，並說：「只要我們的法蘭西還存在一天，每年的今天，我都將派人送給貴校一束價值相等的玫瑰花。」

然而時過境遷，由於各種原因，這位偉人最終沒能兌現自己的諾言。

兩百年後的一九八四年，盧森堡政府重提舊事，向法國提出索賠，索要的利息高達一百四十萬法郎。

法國政府實在不甘為一句話付出如此高昂的代價，但為了挽回拿破崙的聲譽，只得發出委婉的道歉書，才算了結了這「千金一諾」。

由此可見，對於口頭承諾採取輕率的態度，是十分不明智的。它雖然沒有字據爲憑，但卻以人格爲擔保。不了解這一點，把口頭承諾當成一般的應酬，或當做好聽的話取悅於人，必將自食苦果。

口頭承諾一旦說出，就變成一種義不容辭的責任，兌現諾言的努力是取信於人的關鍵，具有重要意義。

要做到言必行、行必果，應該從兩個方面著手：

• 切忌信口開河

應該謹慎地注意自己的一言一行，特別要注意把握說話的尺度和準則，對於沒有把握做到的事情，不可做出輕率的承諾。

• 一諾千金，切忌食言

「食言」是大忌。一旦犯下這種錯誤，未來將很難再取信於人。應該慎言慎行，盡量少承諾，一旦承諾，則言出必行。若真的無法實現，應及時且主動地承認錯誤。

重要的正式交際活動忌食言，即使只是一般的日常交往中的口頭承諾，同樣也應採取慎重、嚴肅且負責的態度。

不準備兌現的輕率承諾，無異於騙局，一旦食言，必會令你信用掃地。切記，口頭承諾絕不能當兒戲。

說服，從拉近心理距離開始

口口聲聲都是「我們」，不僅表示排除了自我，且能觸發聽眾對集體的歸屬意識，即使厭惡被迫接受，也會不知不覺地軟化。

兵法上講：「心戰爲上，兵戰爲下。」意思是說，攻心才是眞正的上策。論辯猶如用兵，也要注重心理戰術，論辯中的「攻心爲上」，就是揣度對方的心理，注意論辯對策的合理性，使人形成心理的內化反應，瓦解鬥志。

林肯曾經說過：「不論人們如何仇視我，只要肯給我一個說話的機會，我就可以把他說服。」他之所以如此自信，就在於能夠巧妙地運用攻心爲上之術，拉近自己與聆聽者之間的心理距離。

「攻心爲上」技巧的運用，在林肯競選總統成功的過程中，具有重要的作用。他以樸實富有情感的話語擊敗用語華麗、口若懸河的對手道格拉斯，贏得億萬選民的心，就連原來竭力反對他的人，聽了他的競選論辯後，也爲他的眞情感動，轉而投票表示支持。

第二次世界大戰時，一九四一年耶誕節前夕，邱吉爾去了一趟美國，希望說服美國人和英國人站在一起，立即加入對德戰爭中，以扭轉英國面臨的危險。

可是當時不少美國人對英國人不抱好感，反對介入對德戰爭，為邱吉爾的說服工作增加了難度。

他不愧是著名的演說家，著手於攻心技巧的運用，用情感打動了美國人的心，終於使他們克服了對立的情緒，把英國人當成「自己人」，轉變態度支持政府援助英國，參加對德戰爭。

邱吉爾從兩國人民間共同的語言、共同的宗教信仰、共同的理想及長期的友誼入手，用「說英語的家庭，都應過一個和平安寧的耶誕節」，打動了美國人的心，使他們由反戰轉為參戰。

除了「攻心」之外，要說出一番成功的論辯或者演說，除了造成聽衆心理與感情上的衝擊，更應該特別著重以下幾點，使表達更爲生動、強力且富彈性。

●強調要點，不重要的跳過

談話中，只對重要的字加強語氣，對其他字則匆匆跳過去。對整個句子也要這麼處理，以便讓一些重要的字眼得到突顯。

●改變聲調，高低交錯

與人交談時，語調不可一成不變，應該要有高有低。這種方式能令人感覺愉快，可以很自然地抓住聽衆的心。

●將「我」改成「我們」

說話時，反覆強調「我……如何」、「我……怎樣」，會令人有被迫接受的感覺，容易遭到厭惡或排斥。可想而知，聽衆會築起「自我的圍牆」，拒絕接受。與此相反，倘若說話者口口聲聲都是「我們」，不僅表示排除了自我，且能觸發聽衆對集體的歸屬意識。即使厭惡被迫接受，但在對方不斷施展「我們」的魔力下，態度也會不知不覺地軟化。

從心理學上來說，這種手法可巧妙地隱匿自我，消除聽眾的敵意，激起共同意識。此外，還可獲得兩重好處，一是在當下增強自我觀點的客觀性、普遍性；二是在事先推卸責任，在「我們」、「群眾」的保護下，逃避懲罰。

●調節說話的速度

平常與人交談時，我們時常會更改自己的說話速度。這種方式不僅令人聽了愉快、自然，不會有奇怪的感覺，而且具有強調的作用。事實上，這正是把某項要點強調出來的好方法。

●在要點前後稍微停頓

當你說到一項要點，希望在聽眾腦海中留下深刻印象時，應該傾身向前，直接望著對方的眼睛，但一句話也不要說。突然而來的沉默，其實和突然而來的嘈雜具有相同效果，能夠吸引人們的注意力。這樣做，將使每個人都提高注意力，警覺起來，注意傾聽談話者下一句要說些什麼。

只要抓住以上要點，就能拉近自己與聆聽者的心理距離，更能夠讓你說出的話更吸引人。

選對方法，就能說服對方

說服的目的，是借對方之力為己服務，而非壓倒對方，因此，一定要從感情深處著手征服。

只要仔細觀察那些辦事效率高的人，你很可能會發現，他們大都不是伶牙俐齒的人，相反的，還總是略帶羞澀，言語不多。

這是爲什麼呢？

道理其實很簡單，那些反應迅速、能言善辯的人，往往有個不好的習慣，就是會透過踐踏別人的自尊來表現自己的能力，在打擊別人的同時抬高自己。這種人的存在，會造成對合作不利的負面氣氛。

你是你自己世界的中心，同樣的，你的同事也是他自己王國的國王。他可能會對你感興趣，但這種興趣，很難與他尋求自我保護和對自己幸福的關心相比。

如果你要想爭取別人的關注、友誼，甚至是和你一起工作，首先必須考慮到這一點。

想得到一個人的合作，必須從他的角度和觀點來觀察事物。什麼是他感興趣的？是否有他感興趣的事，會因合作而受到損害？如果從他那方面看，有明顯的異議，你準備採取什麼樣的措施來改變狀況？

與人交談時，要考慮好方法，談論對方關注的問題，同時使他與你共處於整個事物的中心位置。除了強調共同的利益之外，往往還必須採用說服手段，才能得到真正的同意。

不少人有一種錯誤習慣，說服別人時，經常會先想好幾個理由，然後才去和對方辯論。還有些人喜歡站在長輩的立場上，以教訓的口吻指點別人該怎麼做。這樣一來，就等於先把對方推到錯誤的一方，效果往往不彰。

說服人的方法和技巧很多，以下幾種比較實用和簡便：

●用高尚的動機來激勵

一般情況下，每個人都崇尚高尚的道德，至少對於待人接物，有最基本的規範和認知。

所以，在說服他人轉變看法時，一個有效的辦法，就是用高尚的動機來加以激勵。比如說，這樣做將給國家、公司帶來什麼貢獻，或將給家庭、子女帶來什麼好處，或者對自身的威信有什麼正面影響……等等。

●用熱忱的感情來感化

說服一個人的時候，對方最擔心的是可能會受到的傷害，因此在思想上先砌上一道牆。面對此種情況，不管你怎麼講道理，他都聽不進去。

解決這種心態的最有效的辦法，就是用誠摯的態度、滿腔的熱情對待他，說服的時候，表現出情不自禁的感情，使他內心受到感動，進而改變態度。

●通過交換資訊促使改變

實踐證明，人抱持不同的意見，往往是由於掌握了不同的資訊。有些人學習不夠，對一些問題不理解；也有些人習慣於老的做法，對新的做法不了解；還有些人是聽了誤傳，因而對某些事情生出誤解。

在這種情況下，只要能把正確資訊傳遞出去，他就會覺察到自己的行爲並不像原來以爲的那麼正確，進而採納新主張。

●激發主動轉變的意願

想讓別人心甘情願地去做某件事，最有效的方法不是談你需要的，而是談他需要的，教他怎麼去得到。所以有人說：「撩起對方的急切意願，能做到這一點的，世人都與他同在。不能做到者，將孤獨終生。」

探察別人的觀點，並且在他心裡引起對某項事物迫切需要的願望，指的並不是操縱他，使他做只對你有利的某件事，而是要他做對他自己有利，同時又符合你的想法的事。

●用間接的方式促使他轉變

說服人時，直接指出錯誤，對方常常會採取守勢，並竭力爲自己辯護。因此，最好用間接的方式讓他了解應改進的地方，從而自願轉變。

所謂間接的方法，包括了很多，例如把指責變爲關懷、用具體的比喻來加以規勸、避開實質問題談相關的事、談別人或自己的錯誤來啓發、用建議的方法提出問題……等等。

這需要根據實際情況的不同，創造性地加以運用。

●提高對方的期望心理

被說服者是否接受意見，往往和他心目中對說服者的「期望」心理有關。

說服者如果威望高，一貫言行可靠，或者平時和自己感情好，覺得可以信賴，被說服者自然比較願意接受，反之，就可能產生排斥心理。

步步為營，力求穩中求勝

> 說服需要一定的技巧。其中最重要的，是要依循一定的步驟，像行軍打仗一樣，步步為營，力求穩中求勝。

說服，需要一定的技巧。其中最重要的，是依循一定的步驟。

說服他人，應按照什麼樣的程式來進行呢？

概括起來，大致有以下四步驟：

•吸引對方的注意和興趣

想讓對方同意自己的觀點，首先應吸引勸說對象，將注意力集中到自己設定的話題上。

利用「這樣做，你覺得如何」、「這對你來說，絕對有用」之類的話吸引注意力，是不錯的方法。

為了避免一開始便出師不利，以下幾個要點務必要掌握好：

1.留下良好的第一印象。
2.平時多留意自己的言談舉止，絕對要做到言行一致。
3.主動與周圍的人接觸，建立良好的人際關係。
4.再小的承諾也要履行，言出必行。
5.不撒謊——除了善意的謊言。

●明確表達自己的思想

具體說明想要表達的意思，比如「如此一來不是就大有改善了嗎」之類的話，更進一步深入，以便讓對方能夠充分理解。

明白、清楚的表達能力，是成功說服中不可缺少的要素。對方能否輕鬆地傾聽你的想法與計畫，取決於你如何巧妙地運用語言技巧。

爲了讓描述更加生動，在說服過程中，少不了要引用一些比喻、舉例，以加深聽者的印象。

適當地引用比喻和實例，能使人產生具體印象，讓抽象晦澀的道理變得簡單易懂，甚至使你的主題變成更明確或爲人熟知的事物。如此一來，必然能夠順利地讓對方在腦海裡產生出鮮明印象。

說話速度的快慢、聲音的大小、語調的高低、停頓的長短、口齒的清晰度……凡此種種，都不能忽視。

除了語言，最好同時以適當的表情和肢體語言來輔助，加強說服的力度。

●動之以情

透過你的說服內容，了解對方對這個話題是否喜好、是否滿足，再順勢動之以情，或誘之以利，不斷刺激他的欲望，直到躍躍欲試爲止。

說服前，最好能夠準確地揣摩出對方的心理，才能夠打動人心，例如他在想什麼？他慣用的行爲模式爲何？現在他想要做什麼……等等。

一般而言，人的思維行動都由意識控制，儘管受到他人和外界強烈的建議或強迫，也不見得能使其改變。

想要以口才服人，必須意識到說服的主角不是你，而是對方。

也就是說，說服的目的，是藉對方之力爲己服務，而非壓倒對方，因此，一定要從感情深處著手。

●提示具體做法

在前面的準備工作做好之後，就可以告訴對方，該如何付諸行動了。你必須讓他明瞭，應該做什麼、做到何種程度最好……等等。到了這一步，他往往會痛快地按照你的指示去做。

說服需要一定的技巧。其中最重要的，是要依循一定的步驟，像行軍打仗一樣，步步爲營，力求穩中求勝。

各說各話，只會導致僵持不下

站在對方的角度看問題，才能很快地消除矛盾，令雙方滿意。各說各話，僵持不下，只會使局面更陷入尷尬境地。

東漢末年，曹操率兵在官渡大敗袁紹，創造了中國戰爭史上以少勝多的著名範例，為統一北方奠定了基礎。

雙方交戰之時，袁紹的兵力數倍於曹操，曹營形勢一度岌岌可危。但袁紹剛愎自用，不聽忠言，使得帳下謀士憤而投奔敵營，獻計獻策，火燒袁軍的糧草重地烏巢，曹軍方得大勝。

勝利後，曹軍卻發現，袁紹留下的文件中，竟有大量朝中官員寫來的書信，全都是討好他，以為自己謀求退路的。

有人建議曹操徹底追查此事，以通敵罪名論處這些官員。

曹操否決了建議，也沒看這些信件，直接命人全部燒掉。望著燃起的火焰，他說：「當時形勢危急，我尚不能自保，他們這樣做，也是迫不得已啊！」

曹操從官員的角度思考問題，沒有看信件就加以燒毀，並表示理解這些人的苦衷。這個舉動，使原來討好袁紹的官員沒有了後顧之憂，從此死心塌地地為他效命。

這個例子，又一度證實了將心比心的重要。現在，讓我們更進一步來看，在溝通過程中各說各話，又會導致什麼樣的局面。

烏頓在紐約的一家百貨商店買了一件外套，穿上後卻很失望，上衣嚴重褪色，把他的襯衫領子都染黑了。

不得已之下，他又來到該商店，找賣衣服給他的店員，告知情形。

想不到，聽完之後，店員卻聲稱，他們已經賣出了數千件同一款式的外套，烏頓是第一個來挑剔的人。

正當兩人為此激烈爭論的時候，另一個店員也加入，說所有黑色的衣服都要褪一點色，並強調這種價位的成衣本就如此。

烏頓聽到這些，氣得冒火，店員不僅懷疑他的誠實，還諷刺他。正要破口大罵，經理先一步走了過來。

他先靜靜地聽烏頓再講述一次事情的經過，然後竟與不服氣的店員們辯論起來，指出烏頓的襯衫領子明顯是受到此外套染色，並堅持，不能令客人滿意的東西，就不應在店內出售。

就在幾分鐘前，烏頓還打算無論如何都要退回這件外套，現在卻改變了主意，決定接受經理最後提出的建議，再試穿一星期，看看結果怎樣，如果到時仍不滿意，再來更換。

結束談話，面帶微笑的烏頓，非常滿意地走出商店。無論結果如何，至少，他對這家店的信任已經恢復了。

請不要忘記一個眞理：正與你談話的人，對他本身、他的需要、他的問題，永遠比對你及你的問題要更感興趣千倍。因此，只有站在對方的角度看問題，才能很快地消除矛盾，令雙方滿意。

各說各話，僵持不下，只會使局面更陷入尷尬境地。

給別人面子，替自己留下退路

多個朋友就多條路，多個敵人就多堵牆。給別人面子，能贏得友誼、理解和發展，化干戈為玉帛。

眞正的聰明人，在與人交往的過程中，必定做到說話辦事有理有據、有禮有節，掌握分寸，絕對不把話說死、說絕，說得連自己都毫無退路可走。

人人都有自尊心和虛榮感，甚至連乞丐都不受嗟來之食，因爲那太傷自尊，太沒面子。更何況今天雙方還是地位相當、平起平坐的同事呢？

身在職場中，縱使再難相處的同事犯了錯，也千萬爲他保留面子，別輕易毀掉彼此的交情。

保留他人的面子，是一個很重要的問題。其實，這並不是一件多困難的事情，往往只要多考慮幾分鐘，多講幾句關心人的話，多爲他人設身處地著想，就可以緩和或者避免許多不愉快。

《聖經．馬太福音》中有句話：「你希望別人怎樣對待你，就應該怎樣對待別人。」被大多數西方人，視爲待人接物的黃金準則。

眞正有遠見的人，不僅要在與別人的日常交往中，爲自己累積最大限度的人緣，同時也會給對方留下相當大的轉圜餘地。

給別人留面子，其實也就是給自己留面子。

言談交往中，少用那些「絕對肯定」或感情色彩太強烈的語言，適當使用「可能」、「也許」、「我試試看」和感情色彩不強烈、褒貶意義不太明確的中性詞，更能讓自己遊刃有餘，爲他人留下餘地。

試想，如果某一個早晨，你滿懷熱情地進辦公室，竟發現人人對你視若無睹，誰都不願主動與你說話，接下來的一天，還能有心情好好工作嗎？

當然沒有！因爲你只想知道：這是爲什麼？

不妨想想，當大家難得聚在一起聊天的時候，你是否仍然自命清高地做自己的工作，不願意參與其中，開一些無傷大雅的玩笑，或談些家務瑣事？

你是否曾很不厚道地把同事告訴你的話，轉告給上司？

當同事在你面前有意無意地表現自己有多能幹，多受上司的信任時，你是否從不稱讚、祝賀，總是顯出一副不以爲然、頗爲嫉妒的樣子？

你若不先給人面子，別人必定會以冷漠回應。

生活中，多個朋友等於多條路，多個敵人就是多堵牆，這個道理，放諸四海皆準。若不能團結周遭衆人，寸步難行的，無疑是自己。

沒有人喜歡平白無故挨耳光，同理，也沒有人會毫無理由地拒他人的好意於千里之外。給別人面子，就能贏得友誼、理解和發展，化干戈爲玉帛。

輯5

幽默的說話高手更受人歡迎

幽默感不僅是積極的應對策略，
更是你的護身符，
即使遇上對手的銳利武器，
我們都能靠著幽默全身而退。

如何表現自己最有利？

表現自己時過於露骨，張口閉口不離自己如何好、別人如何壞，或是自己如何精明能幹，如何技高一籌，很容易引起別人的反感。

在社會上，我們經常可以聽到這樣的議論：「這個人光會耍嘴皮，沒有眞才實學，才做芝麻大那麼一點事，就要四處張揚。」或者，有領導者勸誡部下：「要踏實些，少說多做。衆人的眼睛是雪亮的，不要怕大家不知道。」

如果，有人用了這些話來評價你，那就是說，你在表現自己方面打了一個大敗仗，而且是輸得一團糟。因爲，善於表現自己的人，往往能做到在不知不覺之中展露才華，並且讓人產生好感。

有的幹部一有空就找上司閒談，當然是什麼都談，談工作也談私事，如此一來，就能把自己想要說的東西「夾帶」在裡面兜售出去了。

爲了表現自己，讓上司知道自己爲公司付出了些什麼，不必過度強調自己的付出，你可以盡力抬高你的同事，因爲你把他抬高，也就等於抬高了自己。而且你不必吹噓自己，只說你的同事或助手如何優秀，反而更能讓領導對你增添好感，讓他認爲你是個謙虛而沒有嫉妒心的人，更是個有親和力的可靠員工。

相反的，有一種人則不會表現自己，或者表現自己時過於露骨，張口閉口不離自己如何好、別人如何壞，或是自己如何精明能幹，如何技高一籌。這種表露方式很容易引起別人的反感，也許當你拼了命地吹噓自己時，上司也早已在心裡暗罵：「小子，還嫩了點，你尾巴一翹，我就知道你要幹什麼了。」

如果是另外一個人講你的好話，效果就遠遠比自己講要強得多。

這裡有一則寓言故事可供我們參酌。

猴子和貓在森林裡一同遊玩，可是到了晚上牠們又凍又餓，這時，牠們發現有個獵人燒了一堆篝火，而且火裡面還有香噴噴的栗子，猴子很想吃，但是又沒有辦法將栗子從火堆中取出來。

於是，牠心生一計，拼命地吹捧貓如何聰明能幹，而且是世界上最仁慈的動物。不久，猴子見貓被捧得如騰雲駕霧，便叫貓用爪子將火堆中的栗子刨出來，與自己一齊分享。

於是，貓就順著猴子的吩咐去做，每當牠辛苦地掏一個，猴子便吃一個，儘管貓的爪子被火燒得痛疼難忍，然而卻仍然聽著猴子的命令，繼續往火堆中掏栗子。

這個故事要告訴我們，自己做不了的事情，可以考慮讓別人來做。如果你急於想讓上司或領導者瞭解你，並對你投以關注的眼神，不妨讓一個與你關係最密切的人去替你說說，只要處理得好的話，即使只有一句話也能解決大問題。

不過，想採取這種方式必須謹記兩點：

一是，你找的人必須是知心朋友，必須忠實地執行你的意圖，並達到你所想要達到的目的。

如果你物色的人並不知心朋友，或者心中還有點「花花腸子」，那麼你就很可能會栽在他手裡。

儘管他會按你的說法去吹捧你，心中卻可能暗藏殺機，很容易讓你的上司知道這完全是出於你的指使，而且不留任何痕跡，這樣一來不啻是「聰明反被聰明誤」，讓上司對你產生極度反感，認爲你只不過是一個小人而已。

二是，必須點到爲止，不可吹捧得太過火，因爲你的上司畢竟比你多了些經歷，過於暴露的時候，他仍然會發現其中的玄機。

總之，採用類似的方法，成功的關鍵在於一個「巧」字，欲使用這個方法仍然要非常謹慎。

幽默的說話高手更受人歡迎

幽默感不僅是積極的應對策略，更是你的護身符，即使遇上對手的銳利武器，我們都能靠著幽默全身而退。

一個說話高手應注意的外在表現形式，應該包括哪些內容和方面？

一般人想到的多半是服飾、儀表，即使涉及到談吐和口才，也經常忘了幽默感就是成爲一個領導高手的要訣之一。

幽默儘管與一個人的個性和修養關係密切，但它並非屬於性格和天性範疇，而是屬於個人經驗與自我鍛鍊的產物。

此外，由於各地的習俗不同，在某個環境中具有幽默感的東西，到了另一個地方，也有可能變得一點也不幽默，比如俄羅斯的很多笑話，到了英國卻成了冷笑話，原因就在於此。

幽默可以經由後天的培養而獲得，因此，想要成爲說話高手，就不能以「因爲個性」的藉口來拒絕「幽默」。

很多主管級的人物之所以性情都過於刻板，有個很重要的原因是，他們陷入了認識上的盲點，認爲既然自己是領導者，就要有領導者的「樣子」，要有「嚴肅認眞」的威儀。這種認知雖然沒錯，但是你只需對工作嚴肅認眞，並不需要對所有接觸的人也板起面孔。

眞正的領導高手，無論走到哪裡都會有笑聲，讓人如沐春風，令追隨的下屬或合作的伙伴感覺輕鬆、愉快。

如果，你一天說不到一句話，總是在員工和下屬的面前擺「架子」，這是一種很不明智的做法，甚至還隱含著潛在性的危險。

因爲，你自己用了一道無形的圍牆將自己和大家隔開，使彼此成爲兩個世界的人，雖然員工作都很怕你，你也確實很有權威，但是，最後你終將成爲孤獨的人，成爲大家敬而遠之的人。

其實，具有幽默感的領導者才是最受歡迎的。

所以，別那麼嚴肅，適度地展現風趣的一面，表現自己的幽默風采，才更能吸引衷心臣服於你的人才。

幽默是一種外在形象的修養，與一般的日常生活中的笑話，既有相同的部分，卻也有一定程度的差別，絕非庸俗的「搞笑」。

總之，幽默感不僅是積極的應對策略，更是你的護身符，即使遇上對手的銳利武器，我們都能靠著幽默全身而退，重新開始另一場戰局，所以，幽默是領導高手應具備的必須素養。

靈活運用自己的幽默

在我們的日常生活中，最常見的有三種類型的幽默：哲理性、詼諧性和嘲諷性幽默。優秀的領導者可以從中萃取菁華，靈活加以運用。

無論是哪一種幽默，即使差異很大，它們都有著一個共同之處，那就是旨趣必須是由內而外地發出，從人的顯意識和潛意識中產生。

就幽默的展現而言，輕鬆滑稽、逗人開懷的詼諧話語，那可以說是幽默；才智機敏，妙語解疑的機智，也是一種幽默。

就幽默而言，「幽自己一默」的自嘲，那可以說是幽默；「幽別人一默」的調侃，也可以說是幽默。

就幽默所製造的效果而言，讓人露出會心的微笑，那是幽默；讓人忍不住哄堂大笑，那也是幽默。

就幽默的境界而言，寓意風雅、耐人尋味的風趣，可以說是幽默；氣度恢宏，率眞超脫的豁達，也可以說是幽默。

幽默可以帶來快樂，使人從痛苦的經驗和情緒中掙脫出來，是一種生理和精神活動，英國著名哲學家索利曾經這樣談幽默：「人類語言中幾乎沒有一個詞彙，比這個人人都熟悉的詞更難下定義了。」

幽默是個開放的和通俗化的語言概念，幽默的方式可說是「無限」的。它的關鍵因素在於是否具有「趣味性」，只要能產生有趣的效果，任何有聲的和無聲的，任何有形和無形的舉動、言語、思維、氣氛都可以成為幽默的媒介，傳遞幽默的訊息符號，從而成為幽默的表達方式和存在形式。

什麼力量是幽默的眞正泉源和內容呢？

我們可以進一步說，有趣與好笑，主要更取決於行為主體的情感、好惡、文化素養……等等。

蘇聯美學家賓斯基曾經說：「幽默可以採取任何形式，以適應任何的時代思潮及其歷史性格。」

關於這點，從當代歐美各國幽默雕塑、幽默工藝、幽默新聞……等等的流行，就可以得到證明。

我們可以這樣認爲，所謂幽默只是較高級的玩笑話，它不一定要使人捧腹大笑，只要能使別人莞爾一笑，便已達到基本功能。

它從人的顯意識和潛意識中產生，因而它是人的情緒、情感、意識、個性，還有價值判斷合乎邏輯的表露。

正因爲如此，它總是生動地表現出各種各樣心智和心力，成爲一種能爲人們所能感知和把握的個性心理和社會心理。

在我們的日常生活中，最常見的有三種類型的幽默：哲理性、詼諧性和嘲諷性幽默。優秀的說話高手可以從中萃取菁華，靈活加以運用。

哲理性幽默，包括那些靈機一動的閃光和火花，信手拈來的雋詞佳句，耐人尋味的諧趣珍聞，令人回味無窮。例如：

「如果你想考驗狗的愛情，那麼你只需要扔過去一根骨頭。」

「如果你想讓人記住你，你就得不斷地跟他借錢。」

詼諧性幽默，大多出現在性格的幽默中，表現方式是大智若愚的「拙巧」，這類幽默往往三言兩語，卻能收到讓人拍案叫絕的效果。

很多人都聽說過這樣一個故事，德國天才詩人歌德在威瑪公園的小徑上，和一位自命不凡的文藝評論家相遇。

那位評論家傲慢地說：「對一個傻子，我絕不讓路。」

歌德聽了之後，微笑著往旁邊一站，說道：「我卻恰好相反。」他的詼諧不但含蓄，而且還具有比正面攻擊強烈得多的反擊效果。

最後，我們再來看看嘲諷性幽默。

「嘲諷性幽默」是最常見的幽默之一，它是以溫和而寬厚的態度對假、醜、惡的人或事，做出輕微的揶揄和批評，有時雖然荒誕不經，卻能發人深省。其中所產生的張力，遠比一大堆廢話，或一長串情節更富有表現力和效果。

魯迅可說是中國近代文學史上的幽默大師，對於他的幽默，我們可能感到更爲親切，更爲熟悉。

像他對筆下的阿Q，正是「哀其不幸，怒其不爭」，他對此人物極盡嘲諷之能事，以揭示麻木不仁的「國民劣根性」。

有一回，阿Q對人們說：「我本來姓趙！」

後來，這段話傳到有權有勢的地方豪紳趙太爺那兒，趙太爺聽了非常生氣，他想到這個王八蛋也和他同一個姓，實在很不配，於是便把阿Q找來，當面問他：「你也姓趙嗎？」

阿Q點了點頭，沒想到，這位年過六旬的趙老太爺居然跳了下來，並賞了他兩巴掌，從此以後，阿Q再也不敢說自己姓趙了，而且對自己的姓氏也漸漸忘卻，只記得自己「似乎姓趙」。

有一年，阿Q參加革命不成，反倒成了革命失敗者的代罪羔羊，即將被槍決正法。法官們要他在供詞上畫押，他卻說不會寫字，他們就說不會寫字也無妨，只要畫個圓圈也行。

於是，他一手握著筆，手卻不停地發抖，好不容易畫成一個爪子形的圓，他還嫌畫得不夠圓，感到很遺憾，還想重新再畫，可法官們早已等得不耐煩，一把將判書扯了去，等到要上刑場的那天早晨，他才有了點朦朧的感覺：「這似乎是要去殺頭！」

阿Q糊裡糊塗地生，又糊裡糊塗地死，魯迅筆下的他，既使人覺得發笑，但是在笑過之後，卻又深感悲哀，而這也正是大師特有的嘲諷式幽默藝術，一種讓人深醒的幽默。

相同的，身爲領導者，你也可以選擇適合自己性情的幽默表現方式，達到更有效的領導效果。

刻畫人性的幽默表現方式

幽默，不需要過多的話語，也不需太多的描述，真正的幽默往往有意味雋永的深意，值得領導者加以活用。

恩賽丁曾說：「當我們的社會廣泛地通過一種幽默而聯成一體，當每一位公民被笑所征服時，那我們便能永久地置身在祥和的氣氛中。」

的確，幽默是我們最佳補品，我們的生活需要笑，人生更需要幽默，即使是在事業上，面對上司與下屬仍然需要笑與幽默。

那麼，幽默究竟在哪些場合和哪種環境，最能顯示它的魅力和功用呢？

我們不妨看看蕭伯納與小女孩的對話。

有一天，劇作家蕭伯納接到一位小女孩的來信，信中寫道：「蕭伯納先生，您是我最崇敬的一位劇作家，為了表示我的敬意，我打算用您的名字來命名一條別人送給我的小獅毛狗，不知您意下如何？」

蕭伯納給小女孩回信說：「親愛的孩子，讀了來信頗覺有趣，我贊成妳的想法。但是，妳必須與妳的獅毛狗談談，問問牠的意見如何。」

幽默對幼稚和純眞總是不吝嗇自己的愛，由此折射出長者宏大、寬厚的優秀品格，從而在忘年之間傳導出人類那種最原始的人性。

在中國古典名著《儒林外史》中，作家吳敬梓也曾塑造一個吝嗇已極的讀書人形象。他筆下的嚴貢生一輩子勤奮讀書，老實做人，一生貧困潦倒，也養成了極其節儉吝嗇的習慣。

吳敬梓對他用墨不多，但這個藝術形象卻躍然紙上，栩栩如生。原因何在呢？就在於吳敬梓使用了幽默表達方式。

就在嚴貢生病重臨終的時候，床邊圍了很多親友和家人，嚴貢生一會兒昏死過去，了無聲息，一會又醒來，就這樣反覆多次。於是，家人便問他，是否還有什麼事未能如願，但是他已經完全不能再說話了，只能勉強伸出兩隻顫抖的手指。

看著這個動作，卻沒有人明白這兩個指頭代表什麼意思，於是，有人把他的一位最知心的朋友請來。

這位老朋友聽說這個情況，一進門就注意觀察，最後才發現，放在嚴老先生床前的油燈多了一根燈芯，因為平日只用一根燈芯的。於是，他叫人吹去其中一根，就在吹滅其中一根之後，嚴老先生果然很釋然地咽了氣！

吳敬梓為了將這位讀書人的吝嗇和節儉，入木三分地刻畫出來，很巧妙地用了幽默的表達方式，抓住他在死的最後一刻的表現，加以渲染、誇張，深刻地刻畫出人物的強烈性格。

另外，魯迅也曾採用類似的筆法，來描寫一個老和尚的虛偽，揭露佛門聖地的偽善。一個很有名的寺廟裡，有位年過古稀的老和尚，在臨終前一直未能安息，於是有人建議找個女人脫光衣服，讓老和尚看上幾眼，也許他就能安然而去。

沒想到，在女人脫光衣服之後，老和尚說了句意味極深長的話：「原來和尼姑是一樣的！」說完之後，他便閉目離去。

魯迅的意思其實也很清楚，既然老和尚知道一般女人的身子和廟裡的尼姑別無二致，那就是說，他也曾與尼姑私通，簡單的一句話，可說是寓意深遠。

而這就是魯迅式的幽默，它不需要過多的話語，也不需太多的描述，寥寥數筆便能勾勒出人物的輪廓，其諷刺力量之深，不僅深刻雋永，更讓人激盪思考。

這幾個幽默的故事，不只是讓人會心一笑，同時也發人深省，有所思考與感悟。這種幽默與一般的笑話不同，說明，真正的幽默往往有意味雋永的深意，值得領導者加以活用。

其實，赤裸裸地責備、批評、挖苦，往往會造成反目成仇，特別是在雙方並不存在對等位置的時候。如果對方是你的上司，你的前途就有可能受到影響；如果對方是你的下屬，在他的心裡也會對你產生一定程度的反感。

幽默是最好的潤滑劑

幽默的領導人物，無論走到哪裡都會使氣氛活躍起來，相較之下，缺乏幽默感的領導人往往到處碰壁。

每個人都希望和別人和諧相處，也深信和氣能生財，但事實上，我們表現出來的行爲卻經常與這些想法相左。

當我們試圖說服對方，或者爲自己的言行進行辯解時，往往容易感情用事，表現衝動，從而引發不必要的爭吵及矛盾，所以，怎樣學會包裝修飾，讓對方能輕易理解與接受，是相當重要的。

遇上衝突，除了幽默，就沒有其他更好的化解方法了。

特別在商界的應對上，絕大多數的會議和交涉，最終的目的就是要設法說服別人，接受自己的意見和條件，如果稍微沒有把握好，很容易就會變成攻擊性的爭吵和對峙，不僅傷了和氣，更可能失去了一個生意上的好夥伴。

那麼，我們是不是應該試著換另一種辦法來應對呢？

首先，聽聽對手的意見以及他所提出的條件，如果他的要求自己能接受，那麼就皆大歡喜。如果他的條件和要求實在有些過分，使你難於接受，那麼，你大可運用幽默風趣的話語來進行駁斥或反擊。

這樣，既可以有效地表達你的意願和態度，又能給對方留下充足的餘地，還能避免無謂的爭吵和隨之而來的不愉快，不是嗎？

美國總統林肯就是一個善於用幽默解決問題的高手。

在美國南北戰爭中，他對麥克倫將軍未能掌握好軍事時機感到極爲不滿，但是他並沒有嚴加斥責，而是寫了一封信給他。在信中，他這樣說：

「親愛的麥克倫：如果你不想用陸軍的話，我想暫時借用一會兒。

敬愛你的林肯上」

如此一來，林肯總統既給了自己直接插手干預軍隊的指揮，找到了一個充足的理由，更表達自己對麥克倫將軍指揮方法的意見，促使他意識到自己的失誤。

身爲主管的人，難免會有極想斥責下屬做事不力或做事不妥的時候，但有人善於處理這些情況，有的人卻容易造成風波。

其差別便在於，斥責或責怪別人時，最難於把握時機與恰當性，稍微不慎就有可能傷及對方的自尊心，而在自尊心受傷的情況下，人往往變得易於激動和憤怒，造成兩敗俱傷。

現在的下屬，已經不再像過去那樣唯唯諾諾，因此身爲主管和上司的人，一定要善於與他們溝通，善於與他們打成一片。最好是一有時間就和他們聊聊天，說說笑話，幽默一下，如此一定比你板起面孔時的效果來得好，員工們的關係也會變得更加融洽，工作效率也能提高不少。

儘管幽默與否，與各人的個性特徵有一定的關聯，但也有很多人是因爲後天的因素，找出自己的特色，從而發揮作用，所以，我們要從平時開始培養起幽默感，儘量使自己變得活潑、生動、有內涵。

看看你身邊的人，那些幽默的領導人物，無論走到哪裡都會使氣氛活躍起來，大家和他有說有笑，很多別人解決不了、處理不了的問題，只要一到他手裡都會迎刃而解，或者大事化小，小事化了。

相較之下，缺乏幽默感的領導人往往到處碰壁，因爲他們不善於幽默，更不善於讓別人瞭解他，當他板起面孔的時候，人們便會有一種難以接近的感覺，說深了也不妥，說淺了也不適當，如此便很容易出現僵持的局面。

我們都聽說過點石成金的故事，石頭處都有，但是如何使它變成珍貴的金子，這的確是一件很神奇的事情。

其實，幽默就是點金術，而且這種點金術並不像神話故事裡講的那樣，需要神仙的法術或仙人指點，我們每個人早就具有了這種潛力，只要我們充分地發揮，自然能讓自己的工作和事業，變得輕鬆而又有趣。

用幽默的言語保護自己

幽默是一把雙刃劍，既可以保護自己，也可以給對手留下足夠的面子；既可以用它來進行攻擊，又可以使它成為彼此關係的黏著劑。

幽默不僅僅是「搞笑」的工具，它還是一把雙刃劍，既可以保護自己，也可以給對手留下足夠的面子；既可以用它來進行攻擊，又可以使它成爲彼此關係的黏著劑。

據說，張大千是也是一個善於用幽默化解嘲弄的典型。

有一次，他與友人相聚，因他留有很長的鬍子，所以他的鬍鬚很快成為友人們談論和嘲弄的對象。

有一天，張大千和朋友們聚會時，靜靜地聆聽客人們的對話，等他們講完了，他便就開始發言，說了一個三國時候的故事。

三國時候，關羽的兒子關興和張飛的兒子張苞，追隨劉備率軍討伐吳國，因為報仇心切的他們，都想爭當先鋒，這使劉備相當為難。

沒辦法，他只好出題說：「你們比一比，說說你們的父親先前的功績，誰的父親功勞大就由誰當先鋒。」

張苞一聽，不假思索地說：「我父親當年三戰呂布，喝斷壩橋，夜戰馬超，鞭打督郵，義釋嚴顏。」

輪到關興的時候，他心裡一急，又加上有些口吃，半天才說出一句來：「我父親有五尺長髯……」

然後，就再也說不下去了。

沒想到就在這個時候，關公顯靈，他站立在雲端上，聽了兒子這句話，氣得鳳眼圓睜，大聲罵道：「這個不肖之子，老子生前過五關斬六將你不講，卻在老子的鬍子上做文章。」

張大師說完，在場人士莫不俯仰大笑起來。

張大千就是這樣巧妙地套用了關羽鬍子的幽默故事，不但使自己從衆人戲弄的位置解脫，而且也順帶地給予反擊，從而產生了一箭雙雕的效果，這就是將幽默當成一把雙刃劍的故事。

其實，幽默的這種「雙刃劍」功能，還表現在古今中外的論辯藝術中。在春秋戰國時期尤爲明顯，不論是縱橫家或是外交使節，往往獲勝的關鍵在於論辯的高明與否。

在戰國時期，晏子以口才善辯而聞名於諸侯各國。

有一次，晏子代表齊王來楚國洽辦公事，楚王和臣子們私下商量一個計劃想試試晏子的能耐。

晏子來到楚國之後，上朝面見楚國國王，正在會談的過程中，有一個大臣來報告說，士兵們抓到一個行竊的齊國盜賊。

這時候，楚王轉過身來，笑著對晏子說：「怎麼齊國人這麼喜歡盜竊，齊國人是否全都這樣呢？」

晏子識破是楚王搞的鬼，很快就反應過來，對楚王說：「我聽人說，橘子樹要是長在淮河以北的地方就結橘子，而如果長在淮河以南則結枳子，這是什麼原因造成的呢？是南北水土的差異所造成的。齊國人其實一點也不習慣偷盜，他們在齊國並不偷，可一到了你們的楚國就變得喜歡扒竊了。這是什麼原因？當然再次又說明了，地方水土的差異。楚國人習慣於偷竊，所以齊國人到了楚國也就變成了小偷，您說是不是呢？」

楚王聽了之後，哈哈大笑地對晏子說：「沒想到本王沒戲弄到你，反而成了自討沒趣。」

極善於在論辯中維護自己的論點和看法的晏子，正是一個懂得利用幽默駁斥對方言論，反擊對手的高手。

拿捏好幽默的尺度

幽默比較難於掌握的是精髓實質，弄得不好就會和東施效顰一樣。作為領導者，必須對此應清晰地瞭解，並學會把握好幽默的尺度。

幽默威力無窮，可以化腐朽爲神奇，可以使整個世界亮麗起來，就像支無形的火把，會照亮你的一生，這也就說明了我們學習幽默技巧和藝術的必要性。

如果我們把幽默視爲一種藝術來看待，那麼它就具有其自身特有的內部規律和特性，我們在學習和掌握這門藝術的時候，就一定要遵循這種內在的特性和規律，這樣才有可能找到適合的途徑。

成語中有句「東施效顰」，說的是春秋的時候，越國有一個美麗的女子叫西施，因為心絞痛的毛病，經常會捂著心口，這個小小的動作因為她人生得漂亮，所以大家連她疼痛時候的樣子也覺得很可愛。

然而，在同一條街上有個醜女，名叫東施，當她看見西施疼痛時的樣子，非常可愛動人，所以她也無病呻吟，經常捂住自己的胸口作痛苦狀。一樣的小動作，她卻引人作嘔，人們不但不覺得可愛，反而還覺得她更加醜陋。

這個典故，對我們學習幽默很有啓發意義。

幽默雖然在很大程度上具有娛樂和活躍氣氛的作用，但絕不能將它視爲單純的「搞笑」，這樣就會將幽默庸俗化與簡單化了。

我們反覆強調的是，幽默是一門藝術，是人類精神和情緒宣洩的一個重要渠道，也是人類靈魂的一個窗口，應高度重視它的內容，而不是它的形式。

大家爲什麼覺得東施的樣子醜陋，而西施卻讓人迷戀不已呢？

一方面是因爲東施是一個醜女，而西施則是一個美女，但另一方面本質的原因則是，西施的表情是其感情和內心感受的自然流露，具有形式與內容的統一性，她用了恰當的形式表達了本身的內容，因而就具有了一種眞實而自然的美感。

然而，東施卻是無病呻吟，故作病態，是形式與內容的分離，她只模仿了西施的外在表情，卻無法獲得西施那種眞實的內容和眞實感受，因而她的「美」是裝出來的，是虛假的。

所以，幽默比較難於掌握的是精髓實質，弄得不好就會和東施效顰一樣。

想成爲幽默高手必須對此清晰地瞭解，並學會把握好幽默的尺度。

如果說，幽默不能爲人釀出歡娛，卻給人怨憤、痛苦，這就讓人遺憾了，因爲，幽默有時會成爲間接的攻擊方式，所以不要濫用譏諷，特別是直接譏諷。

一般來說，當你在運用幽默的時候，要先看清在場有哪些人，這些人的背景如何，從而避開一些敏感的話題和不該在這種場合說的話。

比如說，對職業的蔑視很致命，你嘲笑對方本來就不滿意的職業，無疑是嘲弄對方的才能與人品，因而隨意玩笑的結果反而造成了彼此的隔閡。

曾經有位內向的女大學生，在找工作時被迫改變了初衷，而當了一家賓館裡的公關小姐，但是，她其實很討厭成天在客人面前說笑周旋。

有一次，當她出席同學聚會時，她最親密的女友迎過來說：「哇，好漂亮！全體起立，向我們的賣笑女郎致敬。」

聽到這一句話，相信在你心中，也和女孩一樣有著相同的感受，這句話讓原本春風滿面的女孩，頓時如遭雷擊，傷心地轉身離去。

由此我們可以看出，幽默特別強調本身的「眞實性」，一方面要有感而發，另一方面也絕不能「表錯了情」。

不分場合的幽默使人厭惡

人都要保有自己應有的形象，講笑話如果毫無邊無際，太過誇張，或為了追求效果而手舞足蹈，活像個小丑，也會讓人感到難以接受的。

幽默是陳年老酒，適量的飲用不僅讓人心曠神怡，還能延年益壽，但若是喝過了頭，便會引發諸多不愉快的事。

如果幽默是一朵美麗的花，那麼它就是一朵帶刺的玫瑰；如果幽默是一把劍，那麼它便是一把鋒利無比的雙刃劍。

這就是爲什麼我們在談到幽默的好處和潤滑功用時，還須要強調幽默的禁忌，因爲有一種幽默，非但不會讓人感到愉悅，反而會造成渾身不適的感受，那就像吃飯時，不小心吃進了蒼蠅，教人大倒胃口，這個時候的幽默便不再是芳香的花朵，而是一種發了霉的細菌。

其實，這並不是幽默，問題是它卻經常與幽默混雜在一起，難以區分。

雖然一句好話可以爲溝通帶來輕鬆的氣氛與說服力，但是喋喋不休的妙語、笑語、警句、諷喻，卻會讓溝通發生阻塞，因爲「幽默轟炸」，通常都會帶來思維上的緊張，教人手足無措，不知如何是好。

只因過度的強調幽默，會讓人感覺古怪，特別是你剛認識一個人時，若是滔滔不絕地說著連篇笑話，看似很有才識，很有幽默感，但是，人們也可能認爲，你是個油嘴滑舌、輕浮虛僞、慣於賣弄的人。因此，凡事應恰到好處，過與不及都是不理智的狀態。

我們明白，缺乏幽默感會讓人覺得死板、缺少生氣，讓你的嚴肅面孔更加讓人有拒人於千里之外的距離感。但是，過於「幽默」也是不妥當的，在日常生活中，適當地使用幽默的藝術，才能使彼此之間有一種輕鬆、活潑而愉快的生活享受。

在古希臘中，人們用了一個絕妙的詞來表達笑的意思，那便是「gelao」，原意是「照耀」。

因爲，「笑」照亮了人們的臉龐，使人神采奕奕，目光傳神，紅潤的雙唇舒展在白瓷般的牙齒上面。同時，笑意還會擴及人的全身，當人們放聲大笑時，全身上下各個部位都跳動了起來，人更處於歡欣鼓舞、興高采烈的情況，笑的美好便在於此，它的魅力還能刺激人們工作和生活中的熱情與精力。

由此可見，在文明綻放的那些世紀中，人類努力地將笑的功能發揮到極致。

然而，隨著人們生活的現代化和多元化，我們也發現到，幽默的笑語並不能隨便施與，它還受到地理、環境、文化傳統和人文背景的制約。

像是在莊嚴肅穆的社交場合，比如葬禮中或宣佈重要的嚴肅事件時，任何戲謔的話語都會被受非議，引起別人的誤會，甚至還會激起公憤。譬如你的上司或下屬正在爲失去親人而難過時，你便不能爲了「趕走悲傷」或「製造氣氛」，而在那裡插科打諢，那並不會獲得肯定，而是會讓人厭惡。

此外，人都要保有自己應有的形象，講笑話如果毫無邊無際，太過誇張，或爲了追求效果而手舞足蹈，活像個小丑，也會讓人感到難以接受的。

不要讓幽默造成反效果

譏諷、攻擊、責怪他人的幽默，雖能引人發笑，卻常常會產生意想不到的嚴重後果，使本來融洽的關係產生隔閡。

幽默若不能爲人們帶來歡娛和快樂，反而帶來驚駭和痛苦，這便成了一件遺憾的事，同時也犯了幽默的大忌。

莎士比亞曾經說過：「幽默和風趣是智慧的結晶。」

美國學者赫伯．特魯也曾指出：「幽默是構成人的活力的重要部分，是產生創造力的源泉。」

法國作家格威更斷言：「幽默是比握手更文明的一大進步。」

魯迅先生則評論道：「一個缺乏幽默感的民族，往往是一個災難深重的民族、一個不幸的民族。」

誠然，幽默是美麗而神奇的東西，它可以成爲人與人之間的潤滑劑，除去人們心中的壓力，給人們輕鬆歡愉的心情，爲紛亂爭鬥的世界披上一層柔和的玫瑰色彩，爲嚴寒的冬天帶來一股暖流。

但是，任何幽默在社會心理上的價值，並不意味著它的普遍性，幽默的社會功能和文化功用，也不是指它具備了萬能的效應。

因爲它是一朵帶刺的玫瑰，任何不耐煩、莽撞都有可能使你飽嘗苦果，因而幽默雖好，但卻不要用來揭人傷疤，或者說，不要在別人傷口上撒鹽。

由於譏諷性的幽默有著嚴重負效應，因此，領導者在使用幽默進行批評性言談的時候，就要反覆地嚴格推敲，不要讓人產生一種被嘲笑的感覺。

曾經有個高級飯店的服務員，總是不愛刮鬍子，雖然大家經常提醒他，他仍然積習難改。

有一天，經理找他談話，等他一進辦公室，經理劈頭就這樣問：「小宋，你想一想，你身上最鋒利的是什麼東西呀？」

小宋愣了一下，掏出水果刀說：「可能就是這把水果刀了。」

經理搖頭，說：「不見得，我看應該是你的鬍子。」

小宋不解地問，「為什麼？」

「因為它的穿透力特別強。」

小宋醒悟過來後，氣得滿面通紅。

還有位地理老師，在講到西南地區的岩溶地形時，形容鐘乳石的形狀時，突發奇想地說：「如果大家不太清楚什麼是鐘乳石，那你們應該知道女性乳房是什麼樣子，它為什麼叫鐘乳石，就因為像女性的乳頭。」

此語一出，真是語驚四座，女生們感到無地自容，而調皮的男生們則大呼小叫起來。

最後，這件事被人檢舉到校長那兒，這位地理老師受到了嚴厲批評，並且向同學們道歉了事。

以爲自己發揮了幽默感，沒想到結果卻令自己狼狽不堪，從而威信掃地，不是很冤枉嗎？

很多學者都認爲，幽默是在社會生活的基礎上而產生，它不是飄浮在空中的幻影；幽默的存在，表現了人們多方面的社會功利需要，包括懲惡除暴，調解糾紛，溝通內心世界，這使得幽默自然地要和諷刺、嘲笑、揭露和調侃聯繫在一起。

但是，想成爲一個優秀的領導者，千萬別忘了，不管幽默是基於善意的諷刺、溫和的嘲弄或嬉笑，仍然得經過一番思慮才是。

對於某些部屬，領導者常常覺得可笑又可憐，因而總是譏刺他，卻又必須諒解與寬恕他，這種內在的矛盾，便造就了幽默語言的暗示性和閃爍性。

幽默可以減弱批評的針鋒相對，透過誘導式的意會，發生潛移默化的作用。

有個靠房地產業致富的紐約巨商，碰巧遇見了大作家海明威，非要他簽名留念不可。海明威對這個俗不可耐的爆發戶相當不屑，於是用手杖在沙上寫下了自己的名字，接著說：「請您收下我的簽名吧！」

還有一次，馬克．吐溫來到英國的一個城鎮，逕自走進一家旅館，侍者請他在旅館登記本上簽名，他翻開登記本一看，發現在他之前一位很有名望的旅客在這裡住過。這位先生的簽名是這樣的：「馮．布特福公爵及其僕人。」

馬克．吐溫笑了笑，緊接著寫上：「馬克．吐溫及其一只箱子。」

魯迅先生曾說過類似的笑話。

有個很窮的乞丐，很喜歡在人前誇耀他與富人的交往。有一次，他從外面吃飯回來，很高興地對大家說，今天那位遠近馳名的富人跟他說話了。

大家也都奇怪，那麼趾高氣揚的人，怎麼會和一個乞丐說話打交道呢？

於是，有人便問他：「那他跟你說了些什麼？」

乞丐很得意地說：「當我一大早走進他的宅子向他討錢的時候，他對我說：『滾出去』！」

話才說完，立即引來哄堂大笑。魯迅慣用的嘲諷，是用於諷刺那些趨炎附勢的小人，而不是對一般的人。

在我們的日常生活中，諷刺他人需經過理智的考慮，因爲尖刻的幽默很容易趨於殘忍，使人受到傷害、產生焦慮。譏諷、攻擊、責怪他人的幽默，雖能引人發笑，卻常常會產生意想不到的嚴重後果，使本來融洽的關係產生隔閡。

幽默不是自言自語

一個優秀的領導者一定要具有幽默感，古往今來的歷史證明，凡青史留名或事業有成的政界人士大都具有幽默的素質。

幽默既不同於一般的嘲笑、譏諷，也不是似笑非笑，更不是輕佻造作地油嘴滑舌。幽默是修養的體現，與中傷是截然不同的，它是人際中的潤滑劑，中傷則是人際的害蟲。

眞正好的幽默，是情感眞實的自然流露，是嚴肅和趣味的平衡，所以，當我們慷慨地對人分享幽默樂趣時，別忘了也要懂得珍惜幽默。

幽默一定要看對象與場合，必須講求彼此之間的共同性，如果自己的意思只有自己懂，別人都不知所云，那便成了一種孤獨的自言自語。

幽默的群體性和娛樂性是十分明顯的，如果忽略了這一點，一味地強調自我的想法，這種幽默便不能被苟同了。

幽默不能離開群體的娛樂性而單獨存在，它本身就是具有社會性的，它在人與人的交往中產生，是人們在進行社會活動時的智慧之光。

有些人在社會交際中，總是惟我獨尊，說話蠻橫無理或肆無忌憚，全然不顧在場的人有什麼禁忌和喜好，於是久而久之，大家不約而同地對於這種人「敬鬼神而遠之」，只因他們都忽略了幽默的基本原則和特性。

有個秀才出門要買柴，好不容易遇到一個賣柴的樵夫，便遠遠地喊道：「那個賣柴的過來。」

於是，賣柴的樵夫便走了過來，只見這位秀才居然賣弄起文采，用文言說道：「其價幾何？」

樵夫雖然聽不太懂，但是卻也略知他是在問價錢，於是就說價錢多少。

沒想到那位秀才又繼續賣弄文言：「外實而內虛，煙多而焰少，請損之。」

意思是說，那賣柴的樵夫將柴外面捆得結結實實，而中間卻夾雜著比較差的柴，這樣的柴燒起來只會濃煙滾滾，而沒有什麼火苗，而「請損之」意思是「價錢再降低一點」。

然而，這些話對樵夫來說，根本聽都聽不懂，所以他不管這些之乎者也的意思，挑起木柴轉身便走了。

這個故事說明了，想要賣弄才學，一定要看對象與場合，講求彼此之間的共同性，如果你的意思只有自己懂，別人根本不知所云，那根本只是在唱獨角戲，台下沒有戲迷啊！

在日常生活中必須向別人表達想法，也需要各種不同的幽默力量來打開局面，構成聯繫彼此的心靈網路。

然而，太偏重某一方面而缺乏必要的靈活性，這樣的溝通只會越來越困難，共識或溝通的橋樑就會越來越少，甚至有一天會中斷。

當其他人幽默地發表意見時，你應時時報以微笑，而不能冷若冰霜，更不要冷言冷語反唇相譏。當然，幽默絕不是任何一個人的特權，而是社會的精神財富和人們快樂來源的寶庫。

能對他人的幽默作適當的反應，一方面是社會禮儀所要求，另一方面你也會得到回報。因此，千萬不要過於冷漠，要接受他人、鼓勵他人，以幽默來使感情融洽，架起友誼的橋樑。

其次，幽默的社會功能，可以讓領導者輕鬆處理人際關係、協調各方面的矛盾，有利開展工作與展示自身才華。

總之，一個優秀的領導者一定要具有幽默感，古往今來的歷史證明，凡青史留名或事業有成的政界人士大都具有幽默的素質。

輯6

把自己變成聰明的狐狸

雖然利用別人不是件好事，
但是若能在適當地範圍內有效「運用」，
那麼或許也算是一個不錯的「自保」方式吧！

舌頭比拳頭更好用

遇到蠻橫不講理的人，懂得運用說話的謀略和智慧，才是避免爭執，同時又能解決問題的好方法。

蘇聯有句諺語說：「該用舌頭的地方，用拳頭並不能解決問題。」

許多日常生活中的實際例子都警惕我們，所有做出蠢事的人，都是在拳頭跑得比舌頭快的時候產生的，因此，做任何決定之前必須牢牢切記，許多事是舌頭可以巧妙解決的，想要教訓小人，又何必非得動用拳頭呢？

雖然大家都知道以禮待人是一種高尚的美德，可是，並不見得我們周遭的每個人都有這樣的修養。

遇到蠻橫不講理的人，對付他們最好的方法便是敬而遠之，如果真的無法避開，那麼只好運用見招拆招的說話智慧，使他們知難而退。

總而言之，硬碰硬絕對不是最好的辦法。

回教民族流傳著一則有趣的故事：阿凡提是村裡最聰明的人，專門幫助貧窮的村民，來對付村中壓榨窮人的富翁巴依。

巴依為了報復阿凡提，有一天，他把阿凡提叫到自己家裡，對他說：「阿凡提，大家都說你是最聰明的人，那麼請你猜猜我和我妻子下棋到底是誰輸誰贏？要是猜對了，我就給你一個元寶；要是猜錯了，我就要打你二十皮鞭。」

阿凡提考慮了一下，便答應了巴依的條件，於是當場找了一張紙，在上面寫著：「你贏她輸」四個字。

巴依雖然不明白阿凡提為什麼要寫給他看，但下棋時還是故意輸給了妻子。巴依很得意地對阿凡提說：「你猜錯了，我要打你二十皮鞭！」

阿凡提笑笑地回答：「你錯了，我才是對的！」

說完，阿凡提在紙上加了幾筆，句子就變成：「你贏她？輸！」

巴依看完，無話可說，但他還是不服氣，要求再猜一盤。

阿凡提答應了巴依的要求，也一樣在紙上寫著相同的四個字，這一次，是巴依贏了他的妻子，阿凡便提在紙上加了兩筆，句子就變成了：「你贏，她輸！」

巴依非常生氣，他對阿凡提說：「再猜最後一次！這次你要是猜對的話，我一定會把三個元寶全部送給你；如果猜錯了的話，那就別怪我手下無情了！」

阿凡提回答：「我可以答應你，不過你一定要說話算話。」

這一次，巴依故意和妻子下成平手。阿凡提不慌不忙地拿出答案給巴依看，上面寫著：「你贏？她輸？」

巴依想要報復阿凡提的詭計最終還是落空了，眼睜睜看著阿凡提高高興興地拿著三個元寶回家了。

俄國諷刺小說家克雷洛夫在提及說話辦事的技巧時，曾經幽默地說過：「語言就像是一把剃刀，最鋒利的剃刀會幫你把臉刮得最乾淨，不過，你必須做到靈活地運用這把剃刀。」

對於蠻橫無理的人，不要一味強調自己的立場，應該避開雙方相持不下的情況，爲自己找到了絕佳的出口。

懂得以巧妙的迂迴戰術避實就虛，用對方的邏輯來打敗對方，正是聰明人獲得勝利的重要關鍵。

在日常生活中，每個人都有可能遇到像故事中的富翁巴依這樣，不講理又愛仗勢欺人的人。

遇到這種人的時候，如果你也採取相同的態度來回應的話，等於是在跟自己嘔氣，結果只會造成兩敗俱傷。

所以，懂得運用說話的謀略和智彗，才是避免爭執，同時又能解決問題的好方法。學學阿凡提的智慧吧！

「睜眼說瞎話」可以化解尷尬

要成為一個好的服務人員，不只要了解顧客的心態，現場的反應和情況的掌握，甚至幽默感，都是必須具備的條件。

許多先聖先哲都教導我們做人做事必須誠實，但是，誠實必須有一定的限度。有時，太過誠實既於事無補，又會讓彼此都受到傷害。

現實生活中，萬一我們遇到尷尬不已的場景，有時候還是得適時地「睜眼說瞎話」，才能化解彼此的窘迫。

其實，「睜眼說瞎話」並不一定非得要說謊，只要稍微模糊一下焦點，就可以讓自己和對方都找到下台階。

由於生活品質的提高，服務業在現代社會中所佔的比例越來越高，而且相互的競

爭也越來越激烈。

要想在競爭激烈的市場中脫穎而出，除了完善的硬體設備之外，所有員工的服務態度和說話技巧，更是影響成敗的眞正的關鍵。

有一個五星級的豪華飯店徵求男性服務生，有三個人前來應徵。面試的時候，每個人都聲稱自己的反應最靈活，最知道如何服務客人。

為了考驗出哪一個才是真正出色的服務生，飯店經理出了一道題目，問他們：「如果你在檢查客房的時候，不小心開錯了房門，正好看見房裡的女客人在換衣服，而她剛好也看到你，這個時候，你該怎麼辦？」

甲回答：「很簡單。我會立刻鞠躬，對客人說：『小姐，真是對不起，我走錯房間了。』然後馬上關門退出。」

乙回答：「我會立刻蒙住眼睛，對客人說：『小姐，很抱歉，但是我什麼都沒看到。』然後趕快關門離開。」

丙聽完甲和乙兩人的回答後說：「如果是我，我會這麼說：『先生，對不起，我視力不好，能不能請你告訴我這是哪裡？謝謝。』」

聽完三個人的回答之後，經理決定錄取丙，成為這個飯店的服務生。

丙之所以會被這家飯店錄取，是因爲他能夠掌握當時的情況，做出適當的反應。試想，女客人在換衣服的時候被陌生人看見，情形一定非常的憤怒和尷尬，可是，丙的回答不但表達了自己的歉意，話語中「視而不見」的說話機智，也同時淡化了彼此尷尬的氣氛。

可見要成爲一個好的服務人員，不只要了解顧客的心態，現場的反應和情況的掌握，甚至幽默感，都是必須具備的條件。

爲人處世的應對進退，其實也是如此，不是嗎？

說話就像垃圾分類

說話時，主題必須要明確，不然對方是不可能會明白你的意思的。你應該把想要訴說的事，簡單明瞭地整理出來。

如果說，說話方式會顯現出你的人生風貌，你會相信嗎？

說話的方式、口氣、話題選擇、說話的組織能力、是否站在對方立場設想……等，這些總和都會決定人生的好與壞。這些說話之時的各種模式，經過每天不斷的累積，最後都會和你的生活方式息息相關，你每天怎麼過日子，是什麼樣的人，在大眾面前都會一目了然。

說話，其實就像畫畫一樣。對畫家來說，最基本的事就是如何構圖才能吸引人的目光，一幅優秀的畫，包括各個物件的配置、各種明暗狀態都必須協調，才能成功地突顯出主題。

說話也是如此，如何創造聆聽者的興趣、信賴與欲求，讓他們接受自己的說話模式，接受自己的觀點，是說話的一方必須勤加研究的功課。因此，如何組織話語來讓人聆聽，便是一門學問了。

你可能會說：「說話的結構？這聽起來很難、很複雜！」

其實，如何拆解這種結構，是可藉由學習去了解的。

說話的結構就和垃圾分類一樣，垃圾可大約分爲資源回收與一般垃圾，一般垃圾又可分爲可燃垃圾與不可燃垃圾、大型垃圾等，而不可燃垃圾又再細分爲玻璃類、鋁罐類……像這樣整體與細部的關係，是一種連繫狀態。

你可以把它們當作是說話的結構，那就變成了：

1. 想要訴說的內容便是主題。
2. 支援主題的是主要論點。
3. 支援主要論點的是說明。

依此類推，當你在組織話語時，可將整體分成幾個部分，再將各個部分分成細部，而然後協調地將它們融合在一起。

說話時，主題必須要明確，不然對方是不可能會明白你的意思的。

當你的話主題不明確或沒有主題時，就好像是在說：「我沒有任何意見。」或是：「隨便你怎麼解釋吧。」

這樣非但無法讓對方信服，也不可能說服對方了。你應該把想要訴說的事，簡單明瞭地整理出來。

主題是否明確，和是否能以三言兩語來表達清楚有關。你不妨將自己想說的事，用二十字左右來表達看看吧！

一般人在和別人談話時，最常出現的毛病，是咬字不清與滿嘴口頭禪的問題。

咬字口齒不清，對聆聽者來說是非常痛苦的事，他們必須豎起耳朵才知道對方到底在說什麼，而且必須要極度的集中精神。

可是，這種對方說話的集中力是無法持久的，通常一陣子之後，他們努力想聆聽的心情就會萎縮。

在這種情況下，他們連聽話都興趣缺缺了，更不用說要對他們傳達想法、吸引他們或說服他們了。

有些人會說：「我的聲音是天生的嘛！改也改不了！」

不過，天生的聲音也有可能變得更清晰明瞭，最重要的就是記住正確的發音，關鍵點就在下顎的開啓方式。

記住了正確的發音，再讓聲音抑揚頓挫，用腹部來發出聲音，就可以讓自己口齒清晰。如果時間允許的話，每天不妨花二十分鐘來朗讀書本或報章雜誌。

努力用口齒清晰的聲音來說話，可加強自我表現能力。

至於口頭禪，最好不要出現爲宜。雖然有人的口頭禪能表現自我的魅力，但一般來說，聽起來都是刺耳的，會分散掉對方的集中力。

想要改善說話品質，可以請親朋好友幫忙注意自己說話時有沒有口頭禪，或者是在心中強烈地提醒自己。

很多人都常會不經意地脫口說出：「對呀，對呀……」「我告訴你喔……」等等口頭禪，在無意識之中會重複說著同樣的話，會讓人聽了煩不勝煩。

總之，你必須要改掉自己的口頭禪才行。

別人能看透真正的你

如果你討厭別人，別人也能感受得到，於是他們就會築起一道防備的牆，不讓你看到真正的自己，當然也就不會坦白說出對你的感覺了。

熟悉說話的藝術，人與人之間就可以在融洽的氣氛中，彼此交流想法和看法。有時候，你和某人並沒有交集點，但是，適時的說話技巧卻可以讓彼此敞開胸懷，建立起友誼的基礎。

但前提是，我們要如何才能訓練自己成爲一個說話高手，建立起更和諧、更廣泛的人際關係呢？

答案是要學會克制自己，不去說可能傷害別人的話。

有一句話說：「在世上最難控制的人就是自己。」

的確，要控制自己眞的很難，因爲，人往往不了解自己的眞實模樣，所以難以控制自己。要控制自己，就必須徹底了解自己才行。

你知道嗎？你的人格及個性幾乎決定了你的想法及行動，而你的想法又會決定你的自我表現方式。

不過，我們卻常常害怕去了解自己的人格及個性，由於不想了解眞正的自己，當然就不可能表現出完美的自己了。

要完美的表現出自己，就要根據自己的人格及個性、表現時的身心狀態、對方的人格及個性、遭遇場面狀況……等，隨機應變地改變做法，所以，充分了解自己，是非常重要的一件事。

一個人其實可以分爲兩大部分，一部分是自我的認知，一部分是別人的認知，因而要了解自己，不只是要了解自己認知的模樣，也必須要了解別人眼中的自己。

可是，我們雖然想知道他人眼中的自己，但有時卻又害怕去知道，也很難向他人啓齒。而且，站在別人的角度來說，誰也不想因爲說實話而被人討厭或憎恨，所以通常不會說出實際觀感。

那到底該怎麼辦，才能徹底了解自己呢？

首先，試著詢問和自己沒有利害關係的家人或朋友吧！如此一來，你就能了解自己在別人心目中的印象，而且也能相當冷靜而坦然地去接受。

當然，這樣是不夠的，你還要不時地、不經意地去詢問和自己有所交集的人，總之情報越多，準確率也越高。

那麼，要怎樣才能了解除了家人或朋友以外，大家眼中的自己呢？

首先是試著去喜歡別人。

狗狗之所以會對某些人吠叫，對某些人會開心地搖尾巴，是因爲牠們能分辨出喜歡狗與討厭狗的人。人類的世界也是一樣，如果你討厭別人，別人也能感受得到，於是他們就會築起一道防備的牆，不讓你看到眞正的自己，當然也就不會坦白說出對你的感覺了。

接下來就是不要老將負面的事掛在嘴上。

比起想法消極的人，我們都會覺得想法積極的人比較有魅力；覺得有魅力，就能向他敞開心房了。

還有就是要以開放的心胸去獲得別人信賴感。也就是將你的想法、心情、意見、人生觀、工作觀……等，坦誠地向他人訴說。

如果對方敞開了心胸，我們自己也會一樣地回應他，那是因爲我們對他產生了信賴感。這樣一來，對方就能將心裡想的事坦白地說給你聽了。

最後就是增加溝通的機會。

一般人都會對有較多說話機會的人有好感，產生了好感，就容易將心靈敞開。藉由大量製造溝通機會，聽到對方主動說出對自己感覺的機率也會提升。

了解在他人眼中的自己人格及個性，就會更了解自己。

自大之前，先秤秤自己的斤兩

遇到事情的時候，請衡量一下自己的能力吧！與其人前現醜，何不先充實自己，累積實力，再尋求表現的機會呢？

卡爾曼曾經揶揄地說：「在天國的戶口名簿中，愚蠢的生物跟聰明的生物一樣，都是早就登記好了的。」

其實，一個人究竟是聰明的還是愚蠢的，並不是絕對的，天才與白癡往往只有一線之隔，如果你確實知道自己的天份，並且積極朝這個方向努力，那麼你就是一個聰明人，否則就是浪費時間和精力的蠢材了。

現代人普遍有一種毛病，就是很容易誇大自以爲是的能力。

明明沒這麼大的能耐，卻堅持自己可以，總是要等到失敗出現的時候，才肯承認自己真的不行。到了這個時候，不但要耗費更多的心力來挽回，別人也會因此而對你失去信心。

面對這些執迷不悟的蠢材，讓如何「點醒」他們呢？

有一個畫家，認為自己在繪畫上非常有才能，所以一直堅持著自己的「藝術」理想，除了畫畫之外，從來不做其他的工作。

可是，他的作品乏人問津，幾乎又一張都賣不出去，所以總是搞到三餐不濟的地步。幸好街角有一個好心的餐廳老闆，願意讓他賒欠每天的餐費，因此，這個畫家便天天到這家餐廳來吃飯。

有一天，畫家在吃飯的時候，突然覺得靈感如泉湧，於是不管三七二十一，抓起桌上的餐巾，拿出隨身攜帶的畫筆，蘸著餐桌上的醬油、蕃茄醬……等各式的調味料，就開始作起畫來了。

餐廳的老闆不但沒有制止他，反而還趁著店裡客人不多的時候，在畫家身邊專心的看著他畫畫。過了好一會，畫家終於完成了他的作品。他看著自己畫在餐巾上的傑作，深深覺得這是他有生以來畫得最好的一幅作品。

這時，餐廳老闆開口了：「我把你所積欠的飯錢一筆勾銷，就當作是買你這幅畫的費用，你說好不好？」

畫家聽了老闆的話，又驚訝又感動地說：「沒想到，你也看得出我這幅畫的價值！看來，我真的是離成功不遠了。」

餐廳老闆連忙說：「請你不要誤會，事情是這樣子的，我有一個兒子，他也像你一樣，成天只想著當一個畫家。我之所以買這幅畫，是想把它掛起來，好提醒我的孩子，千萬不要落到跟你一樣的下場。」

每個人都有自己的夢想，嘗試新的事物和勇於接受挑戰是好事，因爲這樣可以激發出自己潛在的能力，可是欠缺自知之明，陶醉在自己的幻想之中，只會一再地暴露自己的不足，徒然惹人笑話。

遇到這樣的人的時候，請勸告他們，衡量一下自己的能力吧！與其人前現醜，何不先充實自己，累積實力，再尋求表現的機會呢？

告訴自己：我一定做得到

人類其實都有一種強烈的潛在慾望去表現自己，尤其是人類只要被稱讚，就會告訴自己說：「我也做得到」，充滿自信地行動。

有的人雖然無知，但卻擁有異於常人的自信，所以言談之間充滿表現慾望。那種氣勢往往讓人處於被動狀態，所以他們會越來越覺得成功是靠自己的實力。因爲他們的無知、感受力遲鈍，即使有人給予負面的批評，他們也會認爲那是批評的人不了解他們的關係。

反觀，有的人因爲自信心低，說話之時瞻前顧後，認爲即使成功了也是外在因素使然，一旦失敗了就會深信是自己沒有能力，變得一蹶不振。

所以說，人類發揮說話能力的原動力及原因是因人而異的。下列就是一些阻礙說

話能力發展的主要原因：

首先是煩惱自己說服別人的能力不足。若深信自己無能，說話辦事的衝勁就會慢慢減弱，心情無法安定，無法控制膽怯。

接下來是懦弱，一旦懦弱了，想說服別人的衝勁就會萎縮。因爲在意結果而懦弱的話，衝勁就會慢慢減弱，不久後就會爲無力感而煩惱。

還有一個情況是認爲即使自己努力表達意見了，也不會得到好結果。

當一直重複失敗，或是一直想要努力卻到達不了自己的要求水準時，就會認爲自己在言談方面是不行的。

另外，就是認爲自己在增強說話能力方面，根本無能爲力。

當不安感、恐懼感與緊張感，漸漸出現在表情與態度上時，就會更加助長無力感了。以下是一些解決方式：

1. 整頓外在形式。首先試著採取沉穩的態度，例如大聲說話，從外在形式開始。
   心靈影響著外在，外在也會整頓心靈。
2. 認識會稱讚你的人。和體貼自己的人在一起，他們會告訴你不需要有自卑感，並會適時給予激勵。

3.做出讓人感謝的事。選擇能為自己帶來滿足感的場合，例如參加會受到他人感謝那種志工活動也是一個方法。

4.尋找解決事情的方法。得到解決的方式後，就能夠重新調整心情了，因為你已經知道怎麼做、怎麼說才會更好。

5.尋找會正面刺激你慾望及情緒的資深指導者，並向他學習說話謀略，也就是向擁有一流指導能力的人學習。

6.不訂定勉強的計劃，一旦被逼迫，心靈上也會緊繃。

7.要有周到的準備。對言談內容有自信，也就會湧現衝勁。

人類其實都有一種強烈的潛在慾望去表現自己，尤其是人類只要被稱讚，就會告訴自己說：「我也做得到」，充滿自信地行動。被人稱讚，是激發說話辦事衝勁的動機來源。

會「聽話」的人容易成功

在日常生活中學習聽話，可以讓你擁有良好的人際關係；而在銷售商品時學習聽話，才能讓你贏得顧客的信賴。

在現實生活中，很多人不但不懂得如何「說話」，甚至也不懂得「聽話」，這是因爲，我們通常只在乎自己的表達能力，而忽略了留意聽別人說話的重要性。

這個現象反應了現代人急功近利的心態，以爲只要表達得宜，就可以說服別人，完成自己的目標，卻忽略了「認眞聽話」才是最重要的一環，才是讓別人眞正接受你的一種方法。

美國的汽車推銷大王喬治・吉拉德在他的推銷生涯中，總共賣出了一萬多輛的汽車，其中更包含了一年之內賣出一千四百二十五輛的紀錄。雖然他的銷售成績十分輝煌，但這也是經過多次失敗才能夠得到的成績。

有一天，一位很有名的富豪特別來跟他買車，吉拉德非常賣力地為富豪解說車子的各種性能，原以為富豪會覺得很滿意，但是，出乎他意料之外的，富豪最後竟改變了心意，不跟他買了！

這讓一向以自己的推銷能力自豪的吉拉德非常疑惑，很想知道到底是哪裡出了問題。吉拉德思考了一整天，還是不明白自己的失誤在哪裡，於是到了半夜十二點時，終於忍不住打電話去詢問富豪，到底為什麼不買他的車。

過了一會兒，富豪才拿起電話，一聽是吉拉德，便很不耐煩地說：「你知不知道現在已經十二點了？」

吉拉德說：「很抱歉，先生。我知道現在打電話很不禮貌，但是，我真的很想知道您不跟我買車的理由！能不能請您告訴我，究竟我讓您不滿意的地方在哪裡？」

富豪沉默了一會，開口說道：「既然你想知道，那麼我就告訴你吧！你的銷售能力真的很強，但是，我不喜歡你今天下午的態度。我本來已經決定買了，可是在簽約前，我跟你提到我兒子的事情時，你卻表現出一副鑾不在乎的態度，而且你一邊準備收我的錢，一邊聽辦公室門外另一位推銷員在講笑話，這讓我覺得很不受尊重。我就是因為你的態度，才打消了買車念頭的。」

不懂得「聽話」重要性的人，無疑是人際交往中的大傻瓜。

從事銷售工作的人都知道，說話技巧只是溝通的第一步，唯有滿足顧客的要求，才能成功地達成銷售商品的目的。但是，如何才能知道顧客的需求呢？這就得靠專注地傾聽，才能達到讓顧客滿意的效果。

「聽話」，是每個人都必須學習的功課。在日常生活中學習聽話，可以讓你擁有良好的人際關係；而在銷售商品時學習聽話，才能讓你贏得顧客的信賴。

把自己變成聰明的狐狸

雖然利用別人不是件好事，但是若能在適當地範圍內有效「運用」，那麼或許也算是一個不錯的「自保」方式吧！

許多心靈導師都感嘆，世間到處充滿著虛假與欺詐，尤其，裝出慈悲和善的臉孔，更是熟諳厚黑權術的人的拿手好戲，為了達到自己所追求的目的，他們經常以最美麗的外表、最動人的言詞欺騙別人的耳目。

但是，這些心靈導師們並沒有教導我們，遇到這樣的奸偽小人，究竟應該要如何正面積極應對，我們只能從「厚黑學」的角度去尋求解答了。

「厚黑學」在近幾年來開始流行，而所謂的厚黑學，簡單的說，就是教你怎麼樣透過言詞和行為，利用別人達到自己的目的。

雖然「利用」這個詞彙充滿了負面的印象，但是利用別人達成自己的目的，有時候也是一種不得已的自保方法。

有一天，身為萬獸之王的獅子生病了，全身無力地躺在山洞裡，所有的動物都來探望獅子，只有狐狸一次也沒有來探望過。

這個時候，處心積慮想除掉狐狸的狼就對獅子說：「您知不知道，狐狸一直沒有來探望您的病情，可見他對您的身體健康一點也不關心。他平時對您的殷勤表現，一定都是裝出來的。」

正當狼在山洞裡跟獅子說狐狸的壞話時，狐狸正好來探望獅子，在山洞外把狼的話聽得一清二楚。

狐狸知道狼對自己不懷好意，所以假裝匆忙地跑進山洞，興奮地對獅子說：「大王，我奔波了這麼多天，總算找到醫治您的藥方了。」

獅子一聽，連忙問狐狸說：「要怎麼樣才能治好我的病呢？」

「我好不容易才找到一個神醫，這個神醫跟我說，治好您的唯一方法，就是在您身上裹上一條新鮮的狼皮。」

狐狸的話剛說完，這隻只顧著挑撥是非的狼還來不及搞清楚狀況，便糊裡糊塗地被跳起來的獅給咬死了。

如果你不懂得如何利用別人，別人就會來利用你，有時候，「利用」也是一種自保的手段。

因爲，在現實社會中，我們身邊充滿著豺狼虎豹，如果不懂得說話謀略，把自己變成聰明的狐狸，那麼被犧牲的可能就是自己了。

所謂「害人之心不可有，防人之心不可無」，雖然利用別人不是件好事，但是若能在適當地範圍內有效「運用」，那麼，在危急的關鍵時刻，或許也算是一個不錯的「自保」方式吧！

何必為了缺點而感到自卑

> 真正的強者是不會有死穴的，他勇於承認自己的弱點，做足了心理建設，其他人無法由這些地方打擊他，因為他根本不怕別人的攻擊。

由於生長環境和所受的教育程度不同，因此，每個人行事風格大異其趣，說話的方式也不盡相同。

交際時說話應當注意察顏觀色，對不同的人應當採取不同的說話方式，並且時時注意變換談話的內容，面對那些經常口出惡言或有意羞辱自己的人，更應該選擇適合的話題，回敬對方的驕橫無理。

晏子是春秋時代齊國著名的宰相，雖然身材矮小，但是才高八斗、頭腦靈光，並且以機智聞名於世。

一次，晏子奉命出使楚國，楚靈王一向看不起齊國，於是晏子矮小的身材正好成為他取笑的題材。

楚靈王一見到晏子，便毫不客氣地說：「難道齊國沒有人才了嗎？怎麼派一個侏儒來這裡呢？難道不怕丟人現眼嗎？」

晏子早已料到楚靈王居心叵測，故意借題發揮，於是不動聲色、不慍不怒地回答道：「我們齊國可說人才濟濟，隨便一個路人甲都是個不可多得的人才。只是，我們齊國的規矩甚嚴，規定賢明的人出使賢明的國家，不才的人就出使不才的國家，我晏子身材矮小，又沒什麼長處，所以就被派來出使楚國了。」

楚靈王偷雞不成蝕把米，被晏子反將了一軍，心裡自然火冒三丈。正巧此時外面的士兵剛好押了一個囚犯經過大殿，楚靈王逮到了機會，故意大聲地問：「這名囚犯犯了什麼罪？」

士兵回答：「偷竊罪。」

「囚犯是哪裡人啊？」楚靈王明知故問。

「齊國人。」

楚靈王對這個答案非常滿意，露出洋洋得意的姿態，對著晏子挑釁地說：「齊國是窮到沒飯吃嗎？怎麼你們國家的人都喜歡做賊啊？」

晏子知道這場戲是楚靈王刻意安排的，目的無非是想令齊國蒙羞，所以他依然不慌不忙地回答道：「聽說江南的橘子，一旦移到江北就變成了枳子，橘子會長成枳子，是因為本身所處的環境不同，這麼簡單的道理，大王您一定明白。同樣的，齊國人在齊國奉公守法、安居樂業，一到了楚國就變成盜賊，這也是因為所處環境不同的緣故，和他來自什麼地方又有何關係？」

楚靈王自知理虧，對晏子臨危不亂的表現更是佩服得五體投地，於是立刻改以上賓之禮款待他。

晏子最令人佩服的地方，不只是他過人的機智和說話技巧，而在於他能敞開心胸，正視自己的缺點。

真正的強者是不會有死穴的，他勇於承認自己的弱點，做足了心理建設，其他人無法由這些地方打擊他，因爲他根本不怕別人的攻擊。

因此，何必爲自己的小鼻子、小眼睛而煩惱？更不必爲自己的多一塊少一塊肉而感到自卑，誰沒有缺點？誰沒有過錯？

勇者無所懼，千軍萬馬都不怕了，又豈會被自己的小瑕疵所打敗？

話說得體合宜，不僅能表現出自身修養的高雅，也能輕易地迎戰別人的攻擊，透過說話策略與技巧，讓人們接受你的意見或觀點，使人願意接近你，提昇自己的溝通、辦事效率。

只要做好心理建設，平日勤於鍛鍊自己的說話技巧，要成爲像晏子這樣充滿機智幽默的說話高手，其實一點都不困難。

輯 7

與其煩惱，不如增強說話技巧

越覺得它是自己的弱點，
你就越要去試。
人類最大的成長，
就是在克服了自己的負面及弱點的時候。

拐彎抹角有什麼不好？

以幽默的方式，不直接面對問題，而採取拐彎抹角的手段，可以消弭彼此針鋒相對的尖銳感，當然，也可以更圓滿地解決問題。

「以偏概全」是人性的一大弱點，一旦產生偏見，造成既定印象，就很難改變。

所以，如果你遭到誤解，除非自己眞的一點也不在乎，否則就得好好想個方法來讓事情「眞相大白」，爲自己「洗清冤屈」了。

有位養雞場的主人，向來討厭傳教士，因為他覺得大多數傳教士嘴上講的是一套，實際做的又是一套。於是，這名養雞場主人，有事沒事就喜歡信口說說傳教士的壞話，到處散佈謠言。

一天，有兩個傳教士找上門來，向養雞場主人說想買隻雞。即使是自己討厭的傢伙，但生意上了門，總不好往外推吧！養雞場的主人於是忍著心中不快，帶著兩名傳教士來到雞場裡，讓他們自己去挑。

只見這兩名傳教士在偌大的養雞場中走來走去，挑了半天，卻抓來一隻毛掉得差不多，看起來病奄奄又相當難看的跛腳公雞。

主人心裡感到奇怪得很，不禁問他們，為什麼滿園子都是活蹦亂跳的雞，而他們偏偏挑上這隻。

其中一位傳教士聳聳肩，回答說：「我們是想把這隻雞買回去，養在修道院的院子裡，然後告訴大家，這是你的養雞場養出來的雞，順便為你做做宣傳。」

主人一聽，心中不禁著急，連忙搖手：「不行！不行！你們看這養雞場裡的雞，哪一隻不是漂漂亮亮、肥肥壯壯的？就這一隻不知道怎麼搞的，一天到晚愛打架，才會弄成這副德性。你們拿牠來宣傳，大家會以為我的雞全是這樣，那可不成！你們改挑別的雞吧！否則，這對我來說，實在太不公平了。」

另一位傳教士笑嘻嘻地說：「對呀，只是，你的行為不也是如此嗎？少數幾個傳教士行為不檢點，你就以他們為代表，一竿子打翻了一船人，對我們來說，不也是不公平嗎？」

養雞場主人這才明白自己的偏見過了頭，於是，不好意思地抓來了隻肥美強壯的大公雞，送給兩位傳教士，並答應不再胡亂說傳教士的壞話了。

傳教士「以其人之道還治其人之身」的法子奏了效，養雞場主人擔心「負面廣告」成真，壞了自己的生意，忍不住提出抗議，而傳教士則藉此讓雞場主人對於「被誤解」一事感同身受。

像傳教士一樣，設法讓對方有機會站在自己的立場上感受一下，其實是不錯的方法，可以讓彼此冷靜地再權衡一下，看看究竟是「偏執」還是「事實如此」，相信結果會有所不同。

以幽默的方式，不直接面對問題，而採取拐彎抹角的手段，可以消弭彼此針鋒相對的尖銳感，當然，也可以更圓滿地解決問題。

與其煩惱，不如增強說話技巧

越覺得它是自己的弱點，你就越要去試。人類最大的成長，就是在克服了自己的負面及弱點的時候。

很多人在參加講座或研討會時，都喜歡呼朋引伴地去參加，因爲這樣心情會比較輕鬆，有值得依靠的人在身旁會讓他們有安全感。

不過，想要增強自己的說話能力，越怕生的人越要獨自參加，因爲，一旦參加，就會和初次見面的人坐在一起，這樣，就需要開口和陌生人說話，下定決心做出的第一次改變，將會改變你的人生。

如果被要求要發表意見，不要畏畏縮縮，你應該欣然接受。因爲它所帶來的優點會比你預期的要來得多呢！

因爲如果有了可能會被人要求發表意見的預期心理，至少你不可能兩手空空地來參加，這時你會事前先把資料準備好。

雖然不見得一定順利，但它至少製造了一個讓你去跨出第一步的機會，也許當場你會因爲不擅言語而吃了苦頭，而且聽衆也許會有人露出不悅的神色。但無論如何，這對你自己來說，都是一種學習的機會。

初次嘗試發言的人在面對那種不耐神色時，只要當他不存在即可，因爲這表示他的傾聽態度不好。只要將視線轉換到一個好的傾聽者身上，就不會受到傷害。

你可以一直不斷練習，直到你完全熟悉；實踐是最好的導師，說話能力不經訓練是不會進步的。演講的訓練是培養內心強韌度的最好辦法。

想增進說話技巧，不安、恐懼與訓練不足所產生的壓力，以長遠的眼光來看，都是達成目標的代價。

雖然應該避開事前就已預測到的風險，但在事情順利地進行到一半時，可以試著勇敢向它挑戰。如此一來，你的人生之路可能就此多了一個拓寬的機會。

一味地留在原地煩惱，說話技巧是永遠都不會進步的，必須勇敢地挑戰。

沒有內容就什麼也說不出口，同樣的，沒有主題就不可能採取說話策略，如果只是徒有觀念而無實際行動，實在是太糟蹋了。

關於改善言談的對應方法，首先，是不要逃避代理機會。譬如說當上司要你代替他去其他公司拜會的話，那麼機會就來了，要好好現你自己最棒的一面，絕對不要浪費機會，因爲機會不是隨時都存在的。

另外則是向自己的弱點挑戰。人類最令人驚奇的一項特性，就是將負面改變爲正面的力量。越覺得它是自己的弱點，你就越要去試，當你克服了自己的負面及弱點的時候，你會發現驚人的成長幅度。

再來則是要向優秀者挑戰，這可不是說去找他人吵架。你可以在心裡，把你尊敬的競爭對手，以及讓你成長的敵手當作自己學習的目標，並以超越目標當作人生階段中的重要任務。

不要切斷自己的人際關係

風趣幽默又不失莊重，是一個高明的說話大師所必須注意的態度，道貌岸然的談話模樣會惹人厭煩，而過於輕浮的談話態度同樣會讓人反感。

有時候，我們會在某些社交場合中，看到正當大家談得興高采烈的時候，有的人卻心不在焉地站在一邊，露出僵滯的笑容胡亂點頭，一副若有所思的模樣。

這種人其實正沉浸在個人的幻想世界，而不願加入衆人話局的人，其實，他們的腦海中無時無刻不在爲自己的利益打量。他們最關心的是自己的地位和前途，總是在腦海中盤算著如何才能更快速飛黃騰達，爬到更高的位置，獲得更多的財富，過更舒適奢華的生活。

這種人對別人的生活一點也不感興趣，只是礙於禮貌，虛僞地附和著別人的話語。對於周遭的事物，他們顯得冷漠淡然，彷彿置身於社會生活之外，因爲他們的心靈飄泊在某個遙遠的地方，腦海裡塞滿了自己功成名就之後的模樣。

唯一可以讓他們感興趣的，只有和他們有切身利害關係的事物。當別人談論到如何快速成功致富，他們就會馬上得興趣盎然；一聽到與自己沒有關連的事情，就顯得意興闌珊。正因爲這種人生活在自私自利、冷漠無情的自我幻想世界中，所以，總是像個戴著面具的人。

人必須敞開自己的胸懷，學會容納別人，才可能進到別人的世界，獲得別人的幫助。一個胸襟狹隘、自私自利的人，永遠都不能建立良好的人際關係。

如果你緊緊地封鎖了通往自己心靈的途徑，關閉了所有對外溝通和交流的渠道，那麼，你的人際關係就會被切斷，你和別人之間的談話，就只能是漫不經心的、馬馬虎虎的和機械單調的，不會帶有任何活力或感情。

我們可以見到，幾乎所有的成功者，成功的秘訣都在於他們能夠以生動有趣的語言，有效地表達自己思想。事實上，對他們而言，表達能力就是他們最大的財富，只要一開口說話，財富就會源源而來。

美國總統林肯是一位熱情而又風趣的說話大師，不管在任何人面前，他都能表現得詼諧幽默，使人如沐春風。

他說話的時候，會用生動有趣的小故事和笑話，使得人們徹底放鬆緊張的心情，所以，很多人在他面前都感到非常輕鬆自如，願意敞開心胸和他深入交談。

林肯之所以能成為受人歡迎的說話高手，要訣在於，他懂得藉著幽默感，增強了自己談話的感染力。

但是，並不是每個人都像林肯一樣幽默風趣，如果你缺少幽默的天賦，而又刻意想製造幽默效果，往往會適得其反，有時還會讓自己像個馬戲團小丑。

一個優秀的談話高手，說話的時候不能擺出一副嚴肅的表情，或者不苟言笑，也不要老是舉一些枯燥乏味的例子或說一堆雜亂的數據，因為，枯燥乏味的例證和統計數據，只會令人心裡覺得沉悶和厭煩。

風趣幽默又不失莊重，是一個高明的說話大師所必須注意的態度。因為，道貌岸然的談話模樣會惹人厭煩，而過於輕浮的談話態度同樣會讓人反感。

因此，要想成為一個優秀的談話大師，態度必須自然而不造作，風趣而不輕浮，既不惺惺作態，也不故意賣弄自己的才華。

你必須感覺到自己充滿樂於與人交往的熱誠，找出別人感興趣的話題，如此才能打動對方的內心，牢牢地抓住他們的注意力。

如果你表現出一副冷漠、拒人於千里之外的模樣，根本無法獲得別人的共鳴。想要使交談的對象靠近你，就必須開啟自己的心靈，並且以最自然的說話方式和對方交流。你必須先敞開心扉，別人才會以相同的態度回應，如此一來，你才能進入他的內心世界。

無論你擁有多高的天賦，受過多高深的教育，穿著多麼光鮮亮麗，擁有多龐大的財產，如果無法用優美而恰當的語言來表達自己的思想，你的人生注定乏善可陳。

別讓長篇大論突顯自己的愚蠢

西方的社交禮節中，有一條這樣的規範：「寧願少說話隱藏自己的愚蠢，也不要多開口來證實你真的愚蠢。」

英國作家斯威夫特說：「在交談當中，有的人用些陳腔濫調折磨著每一個賓客，不讓自己的舌頭休息片刻，卻自以為是學識淵博。」

說話的時候口若懸河，或是辯理無懈可擊的人，並非總是思想正確無誤的，也不一定就會大受歡迎。

很多人講話的時候喜歡長篇大論，自以爲如此一來，別人就會認爲自己很了不起，卻不知道這樣的行爲，只會導致別人的反感。

畢竟，在這個講求效率與速度的現代社會中，沒有人喜歡把時間浪費在冗長又毫無意義的談話裡。

有一個美國人到日本演講，請了一位日本人做他的即席翻譯。

當這個美國人開始演講的時候，他為了測試那位日本翻譯的程度，便一口氣講了十五分鐘的話，然後才停下來請日本人翻譯；但是沒想到，這位日本翻譯卻只講了一句話就停下來了。

美國人雖然覺得很奇怪，但是也不好意思問，而且見到台下的聽眾反應很熱烈，於是又繼續滔滔不絕地講了十五分鐘，接著再停下來讓日本人翻譯。可是，日本人還是一句就講完了。

最後，美國人又講了十分鐘，然後便結束了他的演講，而這位日本翻譯最後也同樣以一句話輕輕帶過。

聽眾聽完了日本翻譯的話，不但全場哄堂大笑，還報以熱烈的掌聲，這一場演講就這樣圓滿地結束了。

那個美國人非常驚訝，想知道這位日本翻譯怎麼這麼厲害，於是便問台下一位會說美語的聽眾，他到底是如何翻譯的。

這位聽眾就對這個美國人說：「剛剛，那個日本翻譯第一句話說的是：『到目前為止，沒有什麼新鮮的事可聽。』第二句是：『我想，到結束之前應該都不會有什麼可聽。』第三句是說：『我說的沒錯吧！』」

這個笑話告訴我們，千萬不要以爲自己所說的都是眞知灼見，在別人耳中，也許只是一些了無新意的廢話。

西方的社交禮節中，有一條這樣的規範：「寧願少說話隱藏自己的愚蠢，也不要多開口來證實你真的愚蠢。」

所以，除非你眞的有把握自己的話語充滿創意，能夠言之有物，否則的話，還是盡可能長話短說吧！

知道極限才能突破

試著了解自己，並接受自己。當你可以自在大方地笑談你的優缺點，自然能夠引起別人的共鳴，又怎麼會懷才不遇呢？

人們經常感嘆自己懷才不遇，但是，被問到長處、優點在哪裡，卻又支支吾吾，或是一問三不知。

了解別人不容易，了解自己更是高難度。當你真正看清楚自己，你才能認識自己的極限，充滿信心地衝破極限。

一九六〇年，甘迺迪競選美國總統時，是歷來最年輕的候選人，許多民眾雖然欣賞他的聰明才幹，但是不免還是有一些疑慮。

雖然他看起來穩重老成，可是年齡似乎不太具有說服力，美國歷史上從來沒有這麼年輕的人當總統。

另外，他的宗教信仰也是民眾再三考慮的焦點；甘迺迪是個天主教徒，而當時天主教徒只佔美國公民的十分之一。

甘迺迪面臨來自四面八方的壓力，他心裡清楚大家的想法，知道自己的弱點在哪裡，可是他非但不聲東擊西，用迂迴手法來逃避這些問題，反而針對大家的疑慮挑明了說，盡力把自己的缺點轉化為優點。

競選對手曾經當眾攻擊他：「要當總統，白頭髮總得要有幾根吧？」

但是，甘迺迪絲毫不覺得這是問題，他笑著回答：「頭髮白不白和當總統沒什麼關係，最重要的是，得看頭髮下面有沒有東西！」

針對自己的宗教信仰，甘迺迪自信滿滿地說：「正因為天主教徒是美國的少數，如果由天主教徒當上總統，就表示這個國家尊重少數公民。我們開國以來，一直推廣人人生而平等的精神，可以由此得到印證，以後黑人、黃種人，或是其他宗教的信徒，都有當總統的權利。」

甘迺迪的解釋一掃大家心中的疑慮，不但獲得廣大的票源支持，更凝聚少數公民的票源。團結力量大，當每一個少數族群都結合起來，便成了多數；甘迺迪因此順利當選美國總統。

甘迺迪最成功的地方，就是他知道自己有幾分能耐，透過說話的藝術坦然面對自己的優缺點，做得到的事情他當仁不讓，無法改變的弱點也毫不避諱。

他懂得把自己的長處放到最大，把自己的短處縮到最小，甚至把最讓某一部分人疑慮的地方，轉化爲讓另一部分人支持的優點。

這樣的人，當然具備成爲美國總統的資格。

在你眼中的優點，有可能成爲別人眼中的缺點；當然，你自己耿耿於懷的缺點，也有可能會成爲你最可愛的地方，重要的是，你要試著了解自己，並接受自己。

當你可以自在大方地笑談本身的優缺點，自然能夠引起別人的共鳴，又怎麼會懷才不遇呢？

別急於突顯自己

用溫柔的言詞對待你身邊的人，用心的做好你手邊的事，如此一來要讓別人都不注意到你也是很難的事。

保持洽當的應對進退，有時候也是說話辦事之時應該注意的社交禮儀。

不管在日常生活或是工作場合，千萬不要只想到突顯自己而不考慮別人，這是維持良好人際關係最重要的準則。

只要的行爲得體，就能讓別人喜歡我們。

有的人擅於突顯自己讓別人印象深刻，有的則不太擅長。

每個人都會有想突顯自己讓別人印象深刻的慾望，但表現的方法卻各有不同，你用對方法了嗎？你是不擅突顯自己的人嗎？

不擅於突顯自己的人，大致可分爲以下類型：

第一種人是不會設身處地替他人著想，總以自我爲中心的人。

他們可能會攔住急忙前往另一處的人，不管對方的時間是否許可，就拚命地說著自己的事；或是一廂情願地認爲對方絕對是記得自己的，就興高采烈的向對方報告自己的近況……等等。

也許他們的態度表面上是和善，但這樣的人，是不會讓人留下好印象。

第二種人是強迫型的。他們總是不顧他人想法，拚命地想表現自己。

例如，在集體面試時，自己只是一個勁地說話，完全不給其他人發言的機會，完全沒有警覺到這是一種強迫性的態度，根本稱不上是積極或是主動。

這種人其實大多是因爲他們的不安全感，讓他們以爲如果表現得不比人更顯眼，就無法生存下去。

你如果有「雖然被人家認同是再好也不過了，但不被認同，並不代表前途就此暗淡無光」、「不能因爲不被他們認同，就認定自己不被全世界的人認同」的想法話，就不會以強迫性的態度去突顯自己。

第三種類型是先發制人的人，他們會將競爭心理帶到職場或社交場合上，因而很容易引發夥伴的嫉妒心。

多數的上司會對於言談之間崇拜自己的部屬或後進，有特別寵愛的傾向，這是由於每個人多少都有些自戀成分，因此倘若部屬或後進以此佈下戰略，便容易讓他們上勾，贏得他們的偏愛。

由以上所舉的三種典型可知，在這世上充滿那種寧可帶給別人不愉快、也要突顯自己的人。要如何才能避免讓自己成爲這種人呢？

首先是，說話辦事之時要考量到別人的心情，有爲他人服務的精神。比如說，當同事因爲小孩要準備考試而操心，你可以將自己小孩推薦的優良參考書送他；聽聞晚輩的妻子生病了，你可以介紹醫院給他，表示你的關心。

不過，要這樣做之前，你自己本身的問題必須先得到解決。如果自己的問題都沒解決，就一味地服務他人，可能就會被批評爲多管閒事了。

再者則是爲了自己所屬的團體，去發掘每個可能發生的問題，並且透過言詞提出可行的解決方法。

例如，要舉辦尾牙時，你就可以表現出你的細心：「從公司帶一瓶酒過去怎麼樣？」「可以叫某某人一起來呀！」等等，爲了讓你所屬的團體感覺是融洽的，你必須要感覺敏銳，並且盡可能地照顧到每個人。

接下來，是要在說話之時適度地撒點嬌。

所謂適度，就是至少不要給人感覺太厚臉皮。

譬如，你可以說：「可不可教教我那個？」「我離開一下，如果有電話，幫我接一下好不好？」

這樣受託的人，會因爲認爲自己受到信賴，被上司或前輩所認可而感到開心，更樂於辦好你交代的事。一般而言，擅於突顯自己的人，也是擅於撒嬌的人。

最後就是在自己可以容許的範圍內，扛下別人討厭的工作。像是假日上班、開車接送、打掃、收拾爛攤子、處理客戶申訴案件……等等。

當然，這世上還是有人會完全不想突顯自己，寧願做個沒沒無聞的平凡人。千萬不要因爲這樣就認爲自己是低層次的人，因爲比起什麼事都不想努力去做，而只想被人家認同、只想突顯自己的懶惰蟲，你絕對要比他們高出許多。

總之，千萬別急著突顯自己，而是用溫柔的言詞對待你身邊的人，用心做好你手邊的事，如此一來要讓別人都不注意到你，也是很難的事。而強迫別人的眼睛看著你，只會讓你幼稚又無能的形象，深刻的烙印在人們的心中。

表現突出就會受人歡迎

不做好自己本分的事，只是一味地希望自己能夠處處受人歡迎，而一天到晚都在思考交際的方法，這麼做實在是本末倒置。

有些人本性善良，卻由於不擅將自己的心意傳達給對方，因此常常吃虧。這些人爲什麼不擅於表達心意呢？

這是因爲當他們在說話、做事的時候，常常太過在意別人的想法，最後什麼話都不敢說、什麼事都不敢做，因而被人批評是個「神秘」的人。

大家都害怕萬一做了不該做的事，別人會投以異樣眼光，因而在憂讒畏譏之下，阻礙了一個人自由的情緒表現。

「如果別人認爲我不好，那就像世界末日了。」「被別人放棄了，我一個人就沒辦法活。」會有這種想法的人，都是不擅交際的人，他們往往會無可救藥地認爲自己十分渺小、不起眼。

因此，這樣的人如果想要巧妙地透過說話的藝術和人交往，就要自己想辦法從恐懼的陰影中走出來。

方法很簡單，只要你能改變自己的想法，看清事實。

你應該進行心理建設，要告訴自己：即使像耶穌基督或佛陀這樣偉大的人，也不見得能受到每個人的喜愛。

大家都希望能被人喜愛、工作有好的發展，也想要賺很多的錢，以免被人瞧不起，但要記住，不可以太過偏執，因爲我們並不是只爲了受人喜愛而活在這世界上的，而是爲了創造一些成就而活。

在工作上，最棒的事就是受人肯定了。因此，即使只有少數人喜歡你，但只要工作上表現突出，一定會有人主動接近你的。

相反的，無論你的交際手腕再怎麼好，話說得再漂亮，若工作方面表現得很差，別人就只會把你當作閒聊的對象而已。

不做好自己本分的事，只是一味地希望自己能夠處處受人歡迎，而一天到晚都在思考交際的方法，這麼做實在是本末倒置。

A先生和B先生都是業務員，但是由於和顧客交談之時，運用肢體語言的巧妙不同，業績也有明顯差別。

A先生在對方一開始說話或問問題時，都會努力去理解對方，表現出自己的誠意，而且會適時地點頭。

但在重要關頭時，他會收起笑嘻嘻的表情，以認眞的眼神凝視對方，將熱情與表情表現在肢體上，譬如時而探出身子、時而加強語氣地來讓對方更了解他的商品，然後再度恢復原來和顏悅色的樣子。

另一方面，B先生則是面無表情地說著話。他認爲不展露內心世界，對於談生意會比較有利，所以當對方在說話或問問題時，他都保持著一張撲克牌臉，而且也不會點頭表示理解對方的意思。

在該發揮說服力的時候，他一樣沒有加強語氣、也沒有探出身子，客戶不能了解他在想什麼，也懷疑他是不是眞的來賣商品的。

這兩位業務員，哪一位的業績會比較好呢？

相信不用說你也知道，答案當然是A先生。

這個例子說明了表情與反應的不同，會造成兩極化的結果。A先生的表情與態度非常豐富，他的和藹與認真的眼神、誠懇的態度、熱情的語調等，充滿了交談之時應有的變化，而且他會巧妙地贊同對方的話，迅速地反應，以此來打動對方的心。

所以，要給人信賴感，都必須將你的想法、行動的模式明朗化。

對於不表現出真心的人，我們都會感到不安。

你會花錢向你感到不安的人買東西嗎？應該不會吧！

很多人買東西，其實是在買「感覺」或者是「人情」，而且通常向那種能給你信賴感的人買。沒表情、沒反應，都會帶給對方不安的感覺，很難完成交易，這一點請不要忘記喔。

用對方的荒謬說法駁斥對方

人與人交涉之時，若是對方提出不合理的要求時，就要誘導對方陷入自相矛盾的狀況，使他走上一條自我否定的道路。

一九一七年的某一天，俄國詩人馬雅可夫斯基上街買生活用具的途中，聽到一個女人中傷布爾什維克（前蘇聯共產黨前身）：「布爾什維克是土匪，是強盜，他們殺人，放火，搶女人……」

馬雅可夫斯基聽了火冒三丈，於是大聲喊道：「抓住她，她昨天偷了我的錢！」

「你說什麼呀？」女人極力爭辯：「你搞錯了吧？」

「沒錯。」馬雅可夫斯基對圍觀的人群一本正經的說：「就是這個女人，偷了我二十五盧布。」

人們都對這個被指為竊賊的女人怒目相視，還有人對她吐口水。後來，人群漸漸散去，那女人淚流滿面的對馬雅可夫斯基說：「上帝可以作證，你瞧瞧我吧，我可是頭一次看見你呀！」

馬雅可夫斯基認真的道：「可不是嗎？太太，妳才頭一回看見布爾什維克，怎麼就大罵起布爾什維克來了？我勸妳回家後，好好的想想剛才妳說過的話吧。」

馬雅可夫斯基擊倒那個以惡毒語言中傷布爾什維克的女人，用的是「請君入甕」的歸謬法。

他先以女人「布爾什維克是土匪」的論點爲前提，然後讓她自己否認「她昨天把我的錢袋偷走了」這個論點，她的理由是「我可是頭一次看見你」，如果她是小偷的話，則今天應該是第二次見面才對，所以她不是小偷。

同樣的，她「頭一次見到布爾什維克」，又怎能說「布爾什維克是土匪」呢？有什麼根據呢？馬雅可夫斯基把她的論點推演到非常明顯的荒謬結論，證明她說話的虛假性。

又如一個大學生考上研究所後，拋棄妻子，在新的生活圈子裡找戀人。面對同學們的批評，他狡辯說：「身分地位變了嘛，對從前的伴侶失去了感覺，所以爲什麼不可以再尋找眞正的愛情？」

一個同學針對他的論點「身分地位變了」提出反駁，說道：「如果一個人的身分地位變了，和從前的伴侶沒有了共同語言，從而也就失去了愛情的話，那麼，倘若你從碩士升到博士、副教授、教授的時候，不知該談多少次戀愛，尋找多少回『眞正的愛情』了。」

還有一個更有趣的荒謬故事，也是運用這種原理。

從前一個吝嗇的地主叫家裡的長工去買酒，卻不給錢。

長工問：「老爺，沒有錢怎麼能買到酒呢？」

「花錢買酒誰不會？不用花錢錢就能買到酒，才算有本事呢！」臉厚心黑的地主詭辯地說道。

於是，長工拿著空瓶去一位以機智聞名的書生那裡訴苦。書生見他哭得可憐，認為這個地主小氣得太過荒唐，就給他出了個主意。

於是，長工笑嘻嘻地拿著空瓶回去，對地主說：「老爺，酒買來了，請老爺好好喝上兩盅吧！」

地主見仍是空瓶，裡頭根本沒有酒，便大發脾氣。

長工氣定神閒，笑著說：「酒瓶裡有酒誰不會喝？要是能從空瓶裡喝出酒來，那才叫有本事呢！」

書生教長工用歸謬法制伏了地主：如果他認為「從空瓶裡喝出酒來」是荒謬的，那麼也就否定了自己「沒錢能買到酒」的荒謬說法。

人與人交涉之時，若是對方提出不合理的要求時，就要誘導對方陷入自相矛盾的狀況，使他走上一條自我否定的道路。

怎樣才能讓對方在誘導下，慢慢兒走上自我否定的道路呢？這就得在改變對方荒唐論斷的表達形式時，既讓他感到推論不合情理，又不能先讓對方察覺到是自己原本的觀點，才能讓他說出反對自己的話來。

別落入「好話」的陷阱裡

對你好的人不一定是好人，同樣的，說你好話的人，也不一定是真心地讚美你，因為好話的背後，或許還隱藏著一些你不知道的動機。

英國作家喬叟曾經寫道：「如果你能夠把諂媚的花言巧語讓人聽起來變成坦率懇切的苦口良言，那麼你就離成功不遠了。」

其實，人生最艱難的事，並非是「做人」，也不是「做事」，而是你是否具備做人做事的行事謀略，以及如何識破別人虛假謊言。

在現代社會中，巧言令色的人可說是越來越多，令人防不勝防。如果要避免落入陷阱的話，首先就必須從分辨「好話」開始做起。

有一隻飢餓的獅子正在四處找尋獵物，找了許久，終於看見遠處有一頭公牛正悠哉地在草原上吃草。

獅子饞涎欲滴地看著公牛，口水都快流下來了！

獅子原本想立刻撲上前去，但是牠一看到公牛頭上的兩隻角，便停了下來，心想：「這兩隻角要是對著我撞過來，我一定會被刺死的。要是這隻公牛沒有角就好了，那麼我就可以毫無顧忌的把牠吃掉。」

不過，獅子還是不想放棄這頭公牛，於是牠想了一個方法。

獅子故作輕鬆地走到公牛身邊，用友善的語氣對公牛說：「我真羨慕你的外表，不論是頭還是腿，簡直完美極了！」

公牛聽了獅子的稱讚非常高興，原來的戒心立刻少掉一大半。這時，獅子假惺惺地嘆了一口氣，說：「雖然你的一切都很完美，只可惜還是有一個缺點。」

公牛急著問獅子：「我的缺點在哪裡？」

獅子說：「就是你頭上的兩隻角啊，你不覺得它們太礙眼了嗎？」

公牛聽完獅子的話，也開始認為自己頭上的角不好看，於是立刻對著大石頭把自己的兩隻角撞碎。

這個時候，公牛轉過來對獅子說：「現在這樣應該好看多了吧？」

獅子微笑地點了點頭，便立刻撲上去咬斷了公牛的喉嚨。

對你好的人不一定是好人，同樣的，說你好話的人，也不一定是眞心地讚美你，因爲好話的背後，或許還隱藏著一些你不知道的動機。

當然，如果時時刻刻提防周遭的人，對自己的人際關係也會產生不良的影響。因此，最好的應對方法，就是訓練自己在聽到好話的時候，高興之餘，也能一面冷靜地思考其中的眞實性。

如此一來，不但不容易落入別人的圈套，自己也才能盡情地享受別人的讚美。

輯 8

試著把話說得更好聽

忠言逆耳，古有明鑑，
世人皆如此，
那麼又何必硬要朝他人的痛處踩下去呢？

面對強詞奪理，要懂得反唇相譏

碰到一些喜歡惡意諷刺、挖苦別人的人，為了維護自己的尊嚴，同時也給對方一個教訓，應該抓住他的謬誤要害，反過來進行反諷。

有種隱含假設式的誘問，是引人上鉤非常高明的手法。

一天，少年華盛頓家中丟了一匹馬，有人指證說是被附近的鄰居偷走了，於是，他請一位警官陪著去索討。

但是，鄰居不肯歸還，聲稱那是自家的馬。

小華盛頓於是上前用雙手蒙住馬的眼睛，然後問偷馬的鄰居：「如果這馬是你的，請告訴我，馬的哪隻眼睛是瞎的？」

鄰居想了一下，猜測說：「右眼。」

小華盛頓放開右手，馬的右眼明亮有神，顯然沒有瞎。

「我說錯了，馬的左眼才是瞎的。」鄰居急忙改口辯解。

小華盛頓又放開左手，結果馬的左眼也是雪亮的。

這時，警官嚴厲的宣判道：「這樣一來，已經證明馬不是你的，你必須立刻把馬還給華盛頓先生。」

小華盛頓採用的隱含假設式誘問，問話中帶有圈套，才能出奇制勝，讓鄰居措手不及。這種隱含假設式誘問，也常運用到談判或辯論當中，聰明的談判者和辯論者都會以此來戳穿對方的謊言。

另外，在論辯中，只要揭露對方依據是虛假的，那就如同蝕根倒樹一般，對手的論點很容易就會被推翻。

如果對方無理取鬧、強詞奪理，你也不可示弱，適當地運用一下也未嘗不可。

使用這種方法時，要承接對方的講話內容，以其中的語句做反擊，順序推倒對方的論點。

法國細菌學家巴斯德前往巴黎參加學術會議，旅館接待員安排他住在一個陰暗潮溼的小房間裡，因為他的衣著看起來不名門貴族，像老百姓一樣普通，行李箱又舊又簡單，因而被認定是個窮酸老頭。

巴斯德受此待遇很生氣。後來，那個接待員得知他是個名揚四海的大教授時，笑容可掬地向他道歉說：「我以為人的外表和他的聲名是成正比的，所以，我把您弄錯了，實在對不起……」

「不，我認為一個人外表和無知才是成正比的。」巴斯德不等他說完，立即反譏一句，羞得接待員面紅耳赤、無地自容。

巴斯德教授機智的反唇相譏，無疑是用深刻的語言，點出對方以貌取人的勢利。反唇相譏多是爲了批評自己看不慣的現象，諷刺和挖苦醜惡的行爲。

在一輛電車上，一位老太太上車後，發現車上已經沒有空位，只好站著忍受顛簸之苦。此時，有位先生從座位上站起來，客氣的讓座，這位老太太泰然坐下之後，竟然吭都沒吭一聲。

鄰座一位先生對老太太不禮貌的行為很不滿，轉身問那位老太太：「老太太，您剛才說什麼呀？」

老太太覺得奇怪，莫名其妙地回答：「先生，我什麼話也沒說呀！」

那位先生立即致歉，說道：「喔？真是對不起，我還以為是您向這位讓座的先生說『謝謝』呢！」

話音一落，哄笑聲差點兒把車廂震破。老太太這才知道自己的無禮，感到很不好意思。

人們在日常交際中，常會碰到一些心術不正，喜歡惡意諷刺、挖苦別人的人。爲了維護自己的尊嚴，同時也給對方一個教訓，應該抓住他的謬誤要害，反過來進行反諷。

童話作家安徒生的一生極爲勤儉樸實，喜愛戴一頂破舊的帽子在街上閒逛。某天，一個路人嘲笑他道：「你腦袋上的那個玩藝兒是什麼東西，能算是頂帽子嗎？」安徒生聽了後，毫不猶豫狠狠回敬了一句：「你的帽子底下那個玩藝兒是什麼東西？能算是個腦袋嗎？」

不要被別人的情緒牽著走

片刻的惱怒往往使人瘋狂，這時若是你讓情緒控制了自己，那麼，你就失去掌控全局的主導權。

古羅馬思想家塞內卡曾經說：「如果一方退出，那麼爭吵就會很快停止，沒有雙方參加就不會有戰爭。」

的確，談話之時永遠應當是溫和善意的，而不應該像刀劍一樣直來直往，使自己陷入無可退避的窘境。

待人處事之時，我們都應該注意，會傷害別人的話儘量少說，談話的時候，並不是什麼話都可以脫口說出。

一對父子搭火車出外旅遊，途中有位查票員來驗票，情急之下，父親到處找不到車票，使得查票員口出惡言，怒目相向。

事後，兒子問父親，「剛才為什麼不還以顏色呢？」

父親笑著回答：「如果，這個人可以忍受他自己的壞脾氣一輩子，我為什麼不能忍受他幾分鐘呢？」

是的，面對別人惡言相向，我們應該理性地控制自己的情緒。

有一位著名的偶像男歌星，以渾厚低沉的嗓聲和英俊瀟灑的外貌風靡一時，令許多海內外的歌迷都十分為他傾倒。

有一回，偶像歌星到外地演唱三天，每天早上，他都會接到飯店服務生送來的鮮花，這些鮮花、禮物、卡片對偶像歌星來說已是習以為常，除了無比的感激之外，他並不以為意。

沒想到演唱會結束的隔天，當他在餐廳用完早餐準備到櫃台辦理一些手續時，迎面突然來了一個面紅耳赤的男人，握緊雙拳對他大喊：「你是什麼東西？居然搶別人的老婆……」

男人說了一連串不堪入耳的粗話，大廳裡的賓客冷眼旁觀、議論紛紛。偶像歌星則感到莫名其妙，心想追求自己的女人不計其數，他有必要去勾引別人的老婆嗎？

偶像歌星等待男人冷靜下來，一問之下才發現，原來這個男人的妻子，就是每天早上送一大束玫瑰給他的女歌迷。

這名粗魯的男人罵上了癮，不但越說越激動，還動手拉扯偶像歌星的衣袖，在大庭廣眾下糾纏不休。

飯店警衛看到這種情況，急忙趕了過來，試圖將這個鬧事的男人拉開，但是卻被歌星伸手制止了。

接著，歌星微笑著對這個怒氣沖沖的男人說：「這樣好了，我們先靜下心來，上樓到房間裡聊聊吧。」

「去就去，我還怕你不成！」男人氣呼呼地回答。

兩人進到了偶像歌星的房間，房門一打開，房間裡竟然四處擺滿了鮮花，連廁所的角落都不放過。

這時，偶像歌星無奈地聳聳肩，慢慢對這位男子說道：「你說吧，哪一束是你老婆送的？我還給你。」

科爾頓有句名言：「我們憎恨那些人，是因為我們不認識他們；而我們永遠也不會認識他們，因為我們憎恨他們。」

片刻的惱怒往往使人陷入瘋狂的狀態，這時若是你讓情緒控制了自己，那麼，你就失去掌控全局的主導權。

大聲的人未必有理，發怒對事情也沒有什麼幫助。

不要被別人的情緒牽著走，否則你只會步上他們的後塵；不管遭受到多麼不合理的待遇，能夠控制自己情緒的人，才有道理可言。

世間的是非只爲多開口，煩惱皆因強出頭，充滿自信的人因爲能控制自己的情緒，忍耐一時的衝動，因此人生旅程比暴躁易怒的人少了許多狂風暴雨的侵襲。

你能徹底保守秘密嗎？

羅斯福以子之矛攻子之盾，一句話巧妙地堵住了朋友的探詢，在滿足朋友的好奇心和堅守自己的分際之間，他選擇了盡職地保守秘密。

身處競爭劇烈的社會，當我們知道某些業務上機密的時候，無可避免地就會遇上四處湧現的人情壓力，要求我們透露這些重要訊息。

許多政府部門的公務員或企業管理階層，都有這方面的困擾，既不能說出自己必須保守的機密，又不能傷害彼此的友誼，更不能直言拒絕而得罪某些掌握自己升遷大權的人，因此陷入左右爲難的困局。

如果我們想要讓對方了解自己不能洩密的立場，那麼，就必須透過發自內心的言語，並且用高明的談話技巧，來使對方感同身受。

人是一種喜歡「偷窺」的動物，所以特別喜歡秘密，喜歡享受那種「只有我知道」的獨一無二的感覺，彷彿因爲自己極爲特別，才有權得知這個秘密。

人，喜歡自己是特別的、受人尊重的。

但人也是矛盾的動物，因爲，他們一方面想保有自己的秘密，不讓別人知道，另一方面卻想運用各種方法，去探知別人的秘密。

遇到這種情形，你應該如何透過談話策略因應呢？

美國羅斯福總統在擔任海軍助理部長時，有一天，一位好友突然來訪。兩人閒聊了一會，朋友竟然問起，海軍在加勒比海的某個島上建立基地的事。

「我只要你告訴我，」羅斯福的朋友說：「我所聽到的那個有關基地的傳聞是否確有其事。」

羅斯福一聽楞了一下，朋友所要打聽的事，在當時是不便公開的；好朋友出言相求，直接拒絕並不是最好的方法，但是羅斯福職責所在，不能輕易洩漏國家機密，所以，不拒絕也不是，那麼到底該如何是好呢？

羅斯福陷入了進退兩難的局面。

雙方沉默了一陣子，羅斯福抬頭望了望四周，然後壓低嗓子向朋友問道：「你能保證你會保密、不張揚出去嗎？」

「能。」好友面露興奮的表情，急切地回答。

「那麼，」羅斯福微笑著說：「我也能。」

就這樣，羅斯福總統以簡單扼要的言詞，婉轉表達自己的立場，拒絕了這位朋友想打聽國防機密的要求。

知道太多秘密，其實對自己並沒什麼好處。

怎麼說呢？因爲，一旦知道了某些特殊的秘密，特別是不得公開的秘密，就面臨了要保守秘密的壓力；明明自己知道得一清二楚，卻一個字也不准說出來的感覺，其實是挺難受的。

如果，還有人整天挨在身邊，磨著你要把秘密說出來，那更是一大煎熬，因爲忍著不說相當難受，遇著了關鍵字，還得千方百計地瞞過去，害怕洩漏了蛛絲馬跡；萬一，要是不小心說露了嘴，又不知會惹來什麼樣的麻煩，你說如何不煎熬？

朋友間本來應該知無不言，言無不盡，但是，有些機密事情攸關個人和團體利益和安危，不能說就是不能說，一定要堅持原則。

反過來說，如果眞的是好朋友，就不該不體諒對方的處境，而執意要人說出秘密，讓人左右爲難。

羅斯福以子之矛攻子之盾，一句話巧妙地堵住了朋友的探詢，在滿足朋友的好奇心和堅守自己的分際之間，他選擇了盡職地保守秘密。如果，他的朋友能夠理解他的立場，相信一定也能諒解他所做的決定。

懂得羨慕也是一種美德

懂得羨慕別人是一種美德，因為有比較才會更進取，壓抑自己的羨慕，最後只會演變成忌妒，讓你狗嘴裡吐不出象牙。

如果你沒有一點特別的長處，人家根本不屑去浪費口水批評你、嘲諷你，因此，情願做個有資格讓人冷嘲熱諷的人，也好過終其一生，只能在台下奚落別人！

哥倫布是十五世紀著名的航海家，經歷了千辛萬苦，皇天不負苦心人，他終於發現了美洲新大陸。

對於這個劃時代的偉大發現，人們給予哥倫布很高的評價及榮譽，但是，「人怕出名豬怕肥」，同樣的，也有其他的人士對此表示不以爲然，並且時常當衆批評他只不過是運氣好罷了。

這些人的言談像是一根根藏在棉花裡的針，經常「不經意」地流露出諷刺，隨時都有可能把他刺傷。

有一次，哥倫布邀請朋友來家裡作客，茶餘飯後，大家不禁又提起了哥倫布航海的經歷，然而，當中有些人語帶嘲諷、笑裡藏刀，似乎對這樣的奚落樂此不疲。

不過，哥倫布聽了卻一點兒也不生氣，完全不試圖替自己辯護，只是起身從廚房裡拿出一顆雞蛋，然後對著大家說：「你們有誰能把這個雞蛋豎起來呢？」

大夥兒輪番上陣，想盡各種方法，結果卻一一失敗，於是質問：「雞蛋表面是圓滑的，怎麼可能豎得起來呢？」

「看我的吧！」哥倫布微笑地說著，然後輕輕地把雞蛋的其中一頭敲破，雞蛋自然就豎起來了。

「你把雞蛋敲破了，當然能豎起來呀！」有人不服氣地抗議。

「是呀！現在你們看到我用這個方法把雞蛋豎起來，才知道其實方法很簡單，根本沒有什麼了不起，但是，為什麼在我之前，你們當中卻沒有一個人想得到這個簡單辦法呢？」

樹大招風，所謂「譽之所在謗亦隨之」，說明了人總是見不得別人好，這就是人類與生俱來的天性。

只不過，人往往口是心非，明明眼睛紅得像隻兔子，表面上卻還言不由衷口口聲聲地說「恭喜恭喜」。

假裝的大方不叫「風度」，而是「虛僞」，那種會在背後捅你一刀的，往往就是這種奸詐小人。

其實，懂得羨慕別人是一種美德，因爲有比較才會更進取，壓抑自己的羨慕，最後只會演變成嫉妒，讓你狗嘴裡吐不出象牙，還會變成一顆酸溜溜的發霉檸檬。

因此，羨慕別人的時候，就大大方方表達出來，相對的，面對別人的嫉妒，就把他們的冷嘲熱諷當作是一種恭維吧！

充滿自信，就能坦然面對自己

一旦對自己充滿自信，即使拿自己容貌上或個性上的缺失開玩笑，也不會覺得受傷害，反而會把它當作讓別人肯定自己的潤滑劑。

有人說，人的臉孔是一面鏡子，映射出內心的眞實狀況，一個充滿自信的人說話必然充滿朝氣，臉上充滿迷人的光彩。

但是，我們身處的是一個缺乏自信的年代，許多人說起話來有氣無力，甚至自卑猶豫，言談之間都缺乏自信的魅力。這樣的人看待自己的方式，更是充滿悲觀，不敢正視自己。

每個人都希望自己是俊男美女，最低限度也要是個「無印良品」，或是「高貴不貴」的金童玉女。

但是，世界上卻不一定有這麼好的事，我們無法選擇自己的長相，我們只能盡力去接受、去喜歡自己的樣貌，去反覆地說服自己：這就是我。

台灣藝人凌峰紅遍兩岸三地時，有一回接受一個電視節目的邀請，當節目主持人侯玉婷介紹他出場時，只見凌峰摘下帽子，露出他的招牌光頭，向觀眾深深一鞠躬後開口道：「各位朋友大家好！在下凌峰。」

語畢，凌峰轉身向主持人說：「侯小姐！我很幸運又見到妳，而妳是很不幸又再見到我了。」

氣氛一下子變得熱絡，主持人笑了笑，立刻回答：「哪裡哪裡！請您談一下作為一個名節目主持人，有什麼感想好嗎？」

凌峰認真地想了一會兒，面向觀眾說：「我覺得我的先天條件要比別人好，許多男性觀眾只要看到我，就會覺得自命不凡。」這時台下響起熱烈的掌聲和笑聲，凌峰接著說：「你們看看，那些正在鼓掌的人，都覺得自己長得比我帥！」

觀眾反應更為熱情了，等到觀眾的情緒稍微緩和下來，凌峰繼續說：「我天生的好條件不只如此，就拿我的長相來說吧！我是生長在台灣的山東人，南人北相，所以南北通吃；而且我看起來一臉滄桑，打從幾十年前就長成這副德性了，似乎中國五千年的苦難都寫在我的臉上，所以只要是中國的同胞都非常歡迎我。」

主持人問：「中國這麼大，難道沒有例外的嗎？」

凌峰充滿自信，幽默地回答：「連少數民族都喜歡我，蒙古人喜歡我是因為我和他們一樣是單眼皮。西藏人喜歡我，雖然我和西藏人的信仰並不同，但是妳看，我這個長相，再披上件袈裟，像不像一個西藏喇嘛？」

全場觀眾大笑，那一集節目創下同一時段最高的收視率。

近年來整型風潮當道，許多人對自己與生俱來的樣貌，已經從「不喜歡但是要接受」演變成「不喜歡就去改變」。

整型成爲一種流行，卻引發更多問題：你是不喜歡你的臉，還是不喜歡你自己？有許多比你醜的人都能接受自己的樣貌，爲什麼你這麼急於改變？也許你可以改變自己的容貌，但是你能改變自己的人生嗎？

常常聽到一句話：「人的美醜不在臉上，而在內心。」

這句話本來是在強調內在美的重要，但是在今時今日，這句話卻有更深一層的意義：如果你喜歡自己，即使樣貌平庸也會變得容光煥發；萬一你缺乏自信，就算美若天仙，也只是一朵毫無朝氣的小花。

你的樣子，不在於你眼耳口鼻的位置，而在於你看待自己的角度。

只要你了解自己的優缺點，知道自己奮鬥的方向，自然就能對自己充滿信心，自然就能坦然面對自己。

自信來自積極的自我訓練，其中也包括說話的態度和神情。

一旦對自己充滿自信，即使在大庭廣眾下拿自己容貌上或個性上的缺失開玩笑，也不會覺得受傷害，反而會把它當作讓別人肯定自己的潤滑劑。

訓練幽默感的五大重點

笑容會讓人開心，即使你自己很沮喪，只要試著露出笑容，心情就會開朗起來，這是幽默的最基本條件。

很多不善言詞的人一聽到幽默的話語，心裡不禁會想：「如果我也能講出那麼好笑的話就好了！」

所以，就有許多本來沒什麼幽默感的人，爲了讓聆聽者發笑，故作幽默地說一些低級無趣的葷笑話，或是讓別人笑不出來的冷笑話，有時候反而會惹來大家的不悅，或是破壞了當時的氣氛。

其實，眞正的幽默感，是自然地醞釀出來的，唯有自然流露的幽默感，才有可能讓聆聽者的心靈緩和下來，彼此充分溝通。所以，想要言談幽默，首先就先期許自己做個幽默的人吧！

那麼怎樣才能成爲一個幽默的人呢？

具體來說，大略可分爲以下五種方法：

1.將自己心中的「完美主義」趕出去。

對凡事都要求完美的人，不太可能具有幽默感的。因爲如果沒有一定程度的包容，幽默感是不會產生的。

人生難免有失敗，失敗有時會讓人生更精采，如果你自己都無法認同失敗的存在，就無法成爲具幽默感的人了。

2.凡事要有開朗樂觀的想法。

人類有的樂觀、有的悲觀，如果你是屬於悲觀的人，不妨想想，悲觀幾乎不會改變事實。如此一來，還有什麼好悲觀的呢？

人要擁有樂觀的想法，想法樂觀的人會比較開朗，也比較有彈性，也已經具備了醞釀出幽默感的特質了。

3.不要將失敗的經驗累積在心中。

每個人在做一件事時，一定都希望成功，可是難免還是有失敗的情況。一般人不可能期盼失敗降臨，然後將那些失敗的經驗放在心中，再去跟人家分享的。

可是，從逆向思考的角度而言，你將你的失敗經驗告訴別人，如果不是什麼太嚴重的失敗，他們絕對會開懷大笑的。

因爲，我們都喜歡別人的失敗經驗，但是自己經歷了一模一樣的失敗，卻無法主動開口。

因此，這些失敗的經驗如果由你自己說出來，別人就會覺得你是個懂得自我解嘲，有幽默感的人。

4.消滅負面的妄想情結。

如果不加以約束，大多數人的心裡會慢慢浮現妄想的情結。這種妄想並不會帶來任何利益，只會讓心情更灰暗，這樣就不會產生出幽默感了。

一旦你產生了妄想，不妨提醒自己去消滅它。

5.表情很重要，不要忘記笑容。

笑容會讓人開心，即使你自己很沮喪，只要試著露出笑容，心情就會逐漸開朗起來，心情開朗是幽默的最基本條件，所以不要忘記要隨時保持笑容。

無意間說出的一句話，可能會讓你的人生變好或變壞，短短的一句話，也會讓一個人幸或不幸。你在和人說話時，是否都會意識到每句話的重要性呢？

就因爲不是每個人都經得起開玩笑，所以，想要成爲一個幽默的人，不要開別人玩笑，而應該試著對自己開點玩笑。

像是故意提到自己的弱點或自卑的地方，說一些誇張的話或俏皮的話，時而說出帶點諷刺的話……等等。

你可以經常找機會練習，想要說出具有幽默感的話，你自己就必須先成爲具幽默感的人才行喔！

如何向上司表達自己的意見

上司也是人，每個人都想要對方認同自己，所以即使他做了錯誤的判斷，也要表示認同他的人格及立場。

思想家賀拉斯說：「懷著輕蔑對方的心理，就會使你的話語充滿怒氣，不僅會傷害別人，也會傷害自己。」

試想，如果說話不分對象，對待什麼人都用充滿蔑視或憤怒方式，那麼勢必會爲自己招來禍端，也無法和別人好好地溝通。

就算這樣的人有著滿腹經綸，最後也會遭到上司冷凍或是解僱，最後淪爲只會成天發牢騷的社會邊緣人。

如何對上司表達自己的意見、卻不會讓上司沒面子的方法是很重要的。

相信很多人都會有過在無意間頂撞上司、讓上司惱羞成怒的經驗吧！

當上司對你說：「已經好幾天了，你也該做出個結論了吧？」

如果這時你卻回答：「這怎麼可能辦得到嘛！你看一下我們目前的現狀，應該馬上就知道不可能啊。」

也許當時的你還不夠圓融，所以才會依自己的情緒、說出完全不爲對方著想的話。試想，此時的上司會有怎樣的心情呢？

部屬的口氣如此無禮，對上司而言可是一大屈辱，因此他們會運用自己職務上的權力去暗整你，甚至還會威脅你，並且可能在往後的日子裡，也會用盡各種方法來挑你毛病，對你施壓。

像這種對待上司，並不會得到自己想像中的效果，反而會激怒上司，招致和自己預期完全相反的結果。

那麼怎麼說才能提高效果呢？

其實，上司也是人，每個人都想要對方認同自己，所以即使他做了錯誤的判斷，也要表示認同他的人格及立場，這是最基本的態度，而且要以請對方聆聽自己想法的心情來應對才是。

你可以這麼說：「聽了課長的意見，我覺得很新鮮，原來還有那種想法。可是關於那個案子，我是這麼想的……您覺得如何呢？我想聽聽課長的意見。」

這樣的說話方式，就不會讓上司覺得毫無面子，而且還能使他委婉地提出不同的想法和參考意見。

如果上司不容易流於情緒化，會冷靜地聆聽他人的意見，便能反省自己的言行和決策是否有錯誤。

如果這時的你能再來尋求他的建議時，就能讓上司更明顯地察覺到自己的錯誤，並得到修正與改善。

小心脫口而出的話

凡事要謹言慎行，因為你所說的每句話，絕對比你想像中的還要具有威力，甚至可以是致命的殺傷力。

美國有句諺語說：「喜歡到處和人打架的狗，通常會跛著腳回家。」

這句話提醒我們，喜歡和別人爭執的人，自以爲是兇猛的獅子，其實只不過是隻小狗，通常都不會有什麼好下場。

人不會因爲話說得太少而後悔，卻常常因爲說得太多而後悔。因爲，就算修養再好的人，一旦打開話匣子，也難免會說些自欺欺人和誇大不實的話語。

此外，當你心中有著怒火，說話的時候，總是有一些火星會冒出口中。結果就像斯溫伯恩所說的：「人們在尖刻的言語之中摘不到果子，在他們搖動大樹根部時，得到的是扎人的刺。」

有位哲人曾告誡我們，有四件事是一去不回的：一是說出口的話，二是已經射出的箭，三是過去的事，四是錯過的機會。

因此，不管談話之時情緒再怎麼惡劣，都要控制自己的舌頭，千萬別脫口說出讓自己後悔莫及的話語。

有個人向穆罕默德傾吐心中的悲傷和挫折，他因為對朋友口出惡言而深感自責，也對自己在非理智的情況下，脫口而出的話深感不安。所以，他想請教先知，怎麼做才能彌補自己的過錯。

這時，穆罕默德帶他繞了小鎮一圈，並要他趁晚上在每一戶人家的門前放了一根羽毛。隨後，穆罕默德也要求他第二天早上必須把羽毛一一收回，完成這項工作之後再把結果告訴他。

第二天，這個人滿臉愁容地來找穆罕默德。

「穆罕默德先生，」他哭喪著臉說：「昨天晚上我照你的話完成了任務，可是，今天早上我準備收回羽毛的時候，卻連一根都找不到了。」

「是的，你說過的話不也是如此？」穆罕默德解釋：「一出口後，它們就飛走了，再也收不回來了。」

史坦納曾經勸告我們說：「未經思考就脫口而出的話，往往會成為我們人生路上的絆腳石。」

「多說多錯，少說少錯」，這是我們最常被訓示的一句話，回想一下，你是不是常常後悔說過的話呢？

言多必失是事實，所以，凡事要謹言慎行，因爲你所說的每一句話，絕對比你想像中的還要具有威力，甚至可以是致命的殺傷力。

試著把話說得更好聽

掌握說話的藝術，不代表你只能說好聽的話，而是要學習如何把話說得更好聽一點，只要誠實無害，何樂而不為呢？

諷刺作家斯威夫特曾說：「歷史上的那些偉人都擁有兩個與眾不同的器官，那就是一張始終不露聲色的臉孔和一個永不守信用的舌頭。」

的確，見人說人話，見鬼說鬼話，是所有成功的大人物都具備的一項特異功能，因爲，如果他們沒有一個能夠見風轉舵的舌頭，又如何能讓別人跟傻瓜一樣爲他們心甘情願賣命呢？

其實，「見人說人話，見鬼說鬼話」不見得不好，只要不是存心騙人，運用在日常生活中，這種見風轉舵的說話方式，正是我們趨吉避凶的自保方法。

有個國王在夜裡做夢，夢見他的頭髮全部掉光了，醒來後心急如焚，連忙請來一位解夢大師，問問這個夢境的意思。

這名解夢大師聲名遠播，無人不曉，據說非常靈驗。大師聽了國王的夢境後，嘆了口氣說：「國王陛下，這個夢說明了您的親人將會遭到不測，如同頭髮掉落一般，實在是不幸啊！」

國王聽了勃然大怒，情緒失控地拍著桌子說：「來人啊！把這個胡說八道的傢伙給我拖出去斬了！」

話雖如此，國王還是感到不放心，立刻又召來了另一位解夢專家，請他說明這個夢境的意義。

聽了國王的敘述之後，解夢專家展開了笑容，向國王深深一鞠躬說：「恭喜國王，賀喜國王，這個夢顯示您將會活得比您所有的親人還久。」

國王聽了，總算放下了心裡那塊七上八下的大石頭，趕緊命侍衛帶領解夢專家至庫房領取賞金。

途中，侍衛大惑不解地問：「在我聽來，你們兩個解夢大師的解釋並沒有什麼不同啊！為什麼國王卻一會兒生氣，一會兒又如此高興呢？」

解夢專家氣定神閒地笑著說：「同樣的意思，他說的是國王不喜歡的那部份，而我說的則是國王想聽到的話。」

表達的意思相同，但是只要表達的方式不同，結果也就大不相同。

直言相諫的忠臣，通常也死得最快，反倒是口蜜腹劍的小人，在歷史上層出不窮，廣受君主的重用。

忠言逆耳，古有明鑑，世人都喜歡聽好聽的話，不喜歡刺耳的話，那麼又何必硬要朝他人的痛處踩下去呢？

掌握說話的藝術，不代表你只能說好聽的話，而是要學習如何把話說得更好聽一點，每個人都喜歡聽好話，只要誠實無害，何樂而不爲呢？

輯9

閃避迎面而來的攻擊

不動聲色地沉著應對，
看清楚對手攻來的方向，
看明白對手所持的武器，再伺機反擊。
萬一不幸避之不及，
最好先求保命！

不要吝於讚美別人

適度、真誠、委婉、合情合理的讚美是去病除疾的良藥，言過其實的讚美會令人生厭，效果適得其反。

古人說：「快刀割體傷易合，惡語傷人恨難消」，說明出言不遜的人只會自食苦果，只有處處與人爲善，嚴以責己、寬以待人，才會建立與人和睦相處的基礎。

在現實生活中，有些人不討人喜歡，四處樹立敵人。這並不是大家故意和他們過意不去，而是他們在與人相處時，總自以爲是，對他人百般挑剔，隨意指責。

如果你想成爲一個被人喜歡的人，就必須學會衷心地讚美別人。

有句話說：「人性中最根本的願望，就是希望得到讚賞。」

一個笑容可掬，擅於發掘別人優點給予讚美的人，肯定會受別人的尊敬和喜愛，這種人自然身心健康，生活、工作都十分愜意。

在日常生活中或職場上適時地讚美他人，會讓彼此的信賴關係更穩固，也會激發出工作意願。譬如女性最喜歡別人讚美她漂亮，簡單不費功夫的一句話，可是女性最棒的活力來源。

當然，如果要請別人幫你做事，讚美對方更是不二法門，即使讚美到他害羞的地步，也絕對不是壞事。

在孩子的教育上，那就更不需懷疑了。以責備方式來教導孩子，是不會有太大效果，還不如費一點心思，找出可取之處來讚美他。比起做錯事被責備，小孩子絕對會比較喜歡被讚美的。

一旦被讚美，就能增加自信心，會產生一種自己被認同的安全感。因爲自己被人信賴的喜悅，會讓你產生一股動力，因此我們應該儘量針對他的優點去讚美他。

對於攻擊性的態度，一般人都會很自然地產生敵對的心理，對於親切的態度，他們也會產生友善的反應。如果是以施壓的態度接觸小孩，不管你說話再怎麼有趣，他們也不會聽你的。

大人其實也和小孩一樣，當你發現職場上有人拚命工作而得到優異成果時，都應該不吝嗇地讚美他。

千萬不要等他離職時，你才說他是難得的人材，或是一個優秀的業務精英什麼的，這樣不僅不能激勵他，也對公司毫無助益。

提到讚美，我們經常在婚禮的致詞上聽到，新郎都是優秀分子、前途無可限量，新娘都是才色兼備、勤勞持家的女性等等。雖然我們會把它當作是形式上的讚美致詞，但內心還是得十分高興。

不管如何，在儀式上我們已經習慣了充斥著瑰麗辭藻的讚賞，但在日常生活或職場上，我們都還不習慣讚美別人，因爲對於讚美都會直接聯想到，它是一種恭維或者巴結，因而產生抵抗感。

礙於保守的民族性，我們不像歐美人那樣會直率地道謝，讚美別人，反而很怕別人認爲自己別有居心；被讚美的人就算是事實，也會在嘴上謙虛地加以否定。

讚美至少是一種友好的態度，意味著溝通的積極表現。你不妨大方地接受對方的讚美吧！若覺得懷疑，多注意就好，即使被欺騙，也不是什麼大不了的事。

積極地讚美他人吧！它可以當作加強溝通的潤滑劑。雖然有人會覺得這樣太輕浮了，但這樣才能讓地球運轉得更順暢。

在職場上也試著利用讚美的功用吧！它和獎金不同，是不需要花錢的，而且還能得到很大的效果。

讚美必須要選擇時間與場所，否則可能讓被讚美的人產生被諷刺的錯覺。別忘了，一定要採取公開的方式，暗地讚美是毫無意義的。

適度、眞誠、委婉、合情合理的讚美是去病除疾的良藥，言過其實的讚美會令人生厭，效果適得其反。

潛心去研究讚美這門學問，一定會使你的心靈充滿喜悅與幸福，讓你的工作與生活充滿陽光和希望。

建立人際關係，從「聽話」做起

聚精會神地聆聽博學多聞的人談話，不僅能增進自己的人際關係，獲得志同道合的朋友，也可以從中萃取豐富自己人生所需的養分。

波斯作家薩迪曾說：「口中的舌頭是什麼？它是智慧寶箱的鑰匙，只要不打開，誰都不知道裡面裝的是珠寶還是雜貨。」

言語對於大部分普通人來說，是用來交流思想的，但是，對某些聰明人來說，則是用來掩蓋思想的。

交談的藝術，不只是讓人聆聽的藝術，也是聆聽別人說話的藝術，因此，在交談當中，一個人獨佔全部的話題，是一種無禮且不合情理的錯誤。

千萬要記著，大自然賦予人一條舌頭和兩個耳朵，爲的是讓人聽到的話兩倍於說出的話，如此才可能增長自己的智慧和人際關係。

但在現實生活中，有許多人不僅不懂得說話，也不懂得「聽話」。

現代人的生活步調太過匆忙，大都缺乏耐心去聽別人談話，有時根本就不尊重正在與我們交談的人。

和別人交談的時候，我們往往表現得心不在焉，極不耐煩地左顧右盼，或者玩弄雙手和身邊的物品，或者不禮貌地打斷別人的談話。

總之，我們老是恨不得趕快結束這次談話，趕往下一個目的地，和另一個對象進行相同的會話。

這種現象正代表著，我們懷著急功近利的心態，生活在焦躁不安之中，不曾爲自己和別人留下深入交流的時間，生活的壓力推促著我們盲目地前進，在熙來攘往的人潮中推推擠擠，想擠出一條康莊大道，以便朝著夢想中的名利權勢奔去。

因爲欲求不滿足而滋生焦躁不安，是現代人最顯著的特徵之一。除了追逐權勢、名位、財富之外，其餘的事物都不會令我們產生興趣，反而讓我們感到厭煩。

很多時候，我們和別人交往，並不是以建立彌足珍貴的情誼爲基礎，而是以功利的角度來衡量他們對自己的價值，評估他們能爲自己帶來多少助力，能否幫助我們達成自己的目的。

生活的緊張、繁忙與庸碌，使我們認爲自己沒有多餘時間去培養待人接物應有的優雅禮儀，也沒有時間吸收別人的優點，增強自己的內涵與學識。

殊不知，這種膚淺的想法與行爲，久而久之，就會使我們成了言語無味、功利市儈的世俗庸人，缺乏吸引別人接近的魅力。

其實，聚精會神地聆聽博學多聞的人談話，不僅能增進自己的人際關係，獲得志同道合的朋友，也可以從中萃取豐富自己人生所需的養分。

如果，你渴望建立一流的人際關係，讓自己獲得更多友誼和助力，首先，你必須從專心聆聽別人說話做起，以虛懷若谷的態度尊重別人的言談。

千萬不要逞口舌之能

想要成為優秀的說話高手，談吐必須機智得體，在製造風趣幽默效果的時候，千萬不要冒犯他人，否則就會適得其反。

人如果不關心正和自己交談的對象的話，很難成爲一個受人歡迎的說話高手。

懂得說話藝術的人，有時儘管話語說得很少，但卻能挖掘別人身上的優點，透過眞摯的讚美誘導對方開口說話。

他們和別人交談的時候，態度非常眞實熱忱，而且善解人意，因此，在他們面前，即使是個性害羞內向的人，也能輕鬆自入地侃侃而談。

他們解除了別人的心防，讓他們不再有所疑慮，使得他們能夠敞開心胸暢所欲言。大多數的人們都認爲，他們是一個風趣幽默的談話大師，因爲他們能夠挖掘別人身上最優秀的內涵。

倘若你想成爲一個四處受人歡迎的人，那麼，你就必須先旁敲側擊了解與你交談的對象，然後用他們最感興趣的議題來引導他們加入話局。

因爲，如果你的議題不能令談話對象產生興趣，那麼，你試圖拉近彼此心理距離的努力，將會徒勞無功。

有些人能夠準確地挖掘別人身上的優點，有些人則恰好相反，總是觸及別人隱隱作痛的傷口。

善於發現別人優點的人之所以受歡迎，就在於他們會使別人忘掉不愉快的事情，而且懂得喚起別人身上所具有的特殊優點。

想要成爲優秀的說話高手，談吐必須機智得體，在製造風趣幽默效果的時候，千萬不要冒犯他人，否則就會適得其反。

如果你想令別人感到自己的談吐詼諧幽默，除了必須鍛鍊自己的說話技巧之外，必須留意的是，千萬不能逞口舌之能戳傷別人的痛處，或者是嘲諷別人。

說話藝術是人際潤滑劑

口才代表一個人的自信心，也代表了一個人的思想、智慧，表現出一個人的人格特質，也是人際關係的潤滑劑。

聖經有云：「一句話說得合宜，就如金蘋果在銀網子裡。」

絕妙的說話藝術爲人鑄造了一顆金蘋果，但是金蘋果會不會落在銀網子裡，還得看聽話的人是什麼材質。

說話的最大技巧，便在於先培養「銀網子」的聽話藝術。說話不只是說好話，還得說別人聽得進去的好話！

有一次，一位才思敏捷的牧師進行了一場非常精彩的佈道，他說：「人類是上帝所創造最完美的作品，在座的每個人都是從天而降的天使，你我都是上帝眷顧的寶貝。因此，活在這個世上，大家要肯定自我的價值，善用上帝給予的獨特恩賜，去發揮自己最大的力量。」

聽眾當中有人不服牧師的說法，他站起身來，指著自己不滿意的塌鼻子，質問牧師說：「牧師先生，如果真像你所說的，人是從天而降的完美天使，請問我的鼻子為什麼麼會這麼塌呢？」

另一位嫌自己腿短的女孩也起身表示相同的意見，她認為自己的短腿應該不是上帝完美的創造，又何來天使之說呢？

台下議論紛紛，只見牧師神態自若地回答：「上帝的創造是完美的，而你們兩人也絕對是從天而降的天使，只不過……」

隨即，他指了指那名塌鼻子的聽眾，對他說道：「你在降落到地上時，讓鼻子先著地罷了！」

接著，牧師又指一指那位嫌自己腿太短的女孩：「至於妳，雖然是用腳著地，可是卻在從天而降的過程中，忘了打開降落傘。」

英國思想家培根曾經說過：「用適當的話語和別人進行交談，遠比言詞優美、條理井然更為重要。」

口才代表一個人的自信心，也代表了一個人的思想、智慧，表現出一個人的人格特質，更是人際關係的潤滑劑，藉由三言兩語，你可以實現自我，也可以把它轉爲解決問題的工具。

再精深再博大的學問，都不如說話的藝術來得有用！

口才好，進而揚眉吐氣，你的人生是彩色的；口才不好，人微言輕，就會活得忍氣吞聲，人生只是黑白。

說話是種藝術，我們總覺得自己做得還不夠好、不夠精練、不夠傳神，但正因爲它是一門藝術，它永遠都有可以改進之處。

閃避迎面而來的攻擊

不動聲色地沉著應對，看清楚對手攻來的方向，看明白對手所持的武器，再伺機反擊。萬一不幸避之不及，最好先求保命！

批評，其實是一種進步的動力，唯有透過別人的眼睛，才能檢視出自己的盲點，然後修正錯誤，重新整裝出發。

不可諱言的是，別人的批評一定帶有主觀的意見，難免會有偏激或謾罵的言論出現，這種情形特別容易發生在高層領導者的身上。因爲，高層領導者所做的決策，影響到的人數越多，對於每一個個體的需求與照顧也越難周全，當然，所遭遇到的批評與攻訐，也比旁人更多。

那麼，當我們不可避免要遭遇批評時，我們該如何自處呢？

或許，可以聽聽美國總統傑佛遜的答案。

有一次，德國科學家巴倫前來白宮，拜訪美國總統傑佛遜時，不經意間在總統的書房裡看到一張報紙，細讀之下，發現上面的評論，全是辱罵總統的攻擊之辭。巴倫氣不過，抓起報紙憤憤地說：「你為什麼要讓這些謠言氾濫？為什麼不處罰這家報社？至少也該重罰編輯，把這個不尊重別人的傢伙丟進監獄。」

面對眼前氣得頭髮快要冒煙的巴倫，傑佛遜卻微笑著回答說：「把報紙裝到你的口袋裡，巴倫。如果有人對我們實現民主和尊重新聞自由有所懷疑的話，你可以拿出這張報紙，並告訴他們你是在哪裡見到的。」

想要終結毀謗，最好的方式就是不去辯解，讓謠言不攻自破。

身處越高層的人，所得到的掌聲與注目越多，相對的所受到的攻擊也會與日俱增，誰教你目標顯著？

正所謂「譽之所至，謗必隨之」，敵人一定會從你的弱點不斷地攻來，能否坦然處之，不正中敵人下懷，就得看你如何運用智慧去化解危機。

新聞媒體的負面評論，當然一定會帶來相當大的影響，但是並非全世界的人都相信該媒體的說法。

所以，如果傑佛遜如同巴倫一般惱羞成怒，甚至利用自己的權勢對該媒體進行施壓、報復，不就反而讓人以爲他是心中有愧，被人刺中痛處，才有此舉動。

有些事越澄清越模糊，越解釋越讓人覺得可能還有所隱瞞，反而對自己不利，如此一來，麻煩揮之不去。

不如不動聲色地沉著應對，看清楚對手攻來的方向，看明白對手所持的武器，先側身避開要害，然後再伺機反擊，以子之矛攻子之盾，才能制伏敵人。

萬一不幸避之不及，最好先求保命，反正君子報仇，三年不晚嘛！

不好意思拒絕，會讓你更後悔

要在心裡默默地想著：雖然要維持別人對自己的好感，但就算喪失了，也不是什麼大不了的事！

拿破崙曾經說過一番膾炙人口的話：「要暗殺一個人，可以有各種不同的方式，用手槍、刀劍、毒藥，或者是道德上的暗殺。這些方式的結果都是相同的，只是最後一種更為殘酷。」

最常見的道德暗殺就是惡意的批評，以及背後說人壞話。

許多人在和討厭自己的人相處時，常常會患得患失地檢討自己可能哪裡做得不周到而讓對方如此討厭自己。如果被對方批評或聽到別人說自己的壞話時，就會感到沮喪，漸漸地喪失自信。

有一種人會把所有做錯事的責任都歸咎於他人，自己卻一副事不關己、充滿正義感或被害者的姿態，這就是無能者的特徵。

但是，當這種人稍微露出囂張的姿態來責備你的時候，你可能反而會不自覺地說：「對不起！」「我錯了，請原諒我！」

很多人都會不自覺地向自己討厭的人或是眞正做錯事的人道歉，日子一久，漸漸地，你會發現到自己的不愉悅，這時你便會開始逃避自己應該負起的責任。

此時，如果不立刻反擊對方或故意忽視對方存在，沒自我主張的話，那你的精神和健康狀態就會越來越差。

所謂的自我主張能力，就是將恐懼、不安、僞裝……等等的負面情緒及行爲釋放的一種作用。

和討厭的人相處，沒有自我主張的人就會產生不安感與緊張感，進而戕害自己的人格，這是一件不公平的事。

自我主張並不代表是幼稚、草率的表現，努力研究如何不和對方發生衝突的人，才是一個成熟的人。

那麼要怎樣才能當下明確地說出：「要」或「不要」呢？

其實，只要了解什麼是對自己來說是最重要的就夠了。也就是去區別，什麼是被批評也無所謂的事情，而什麼是被批評時不能悶不吭聲的事情。

不要時時刻刻被所謂的「不能讓別人認爲自己不好，身爲紳士或淑女是不能動怒的」這種想法所牽絆。要在心裡默默地想著：雖然要維持別人對自己的好感，但就算喪失了，也不是什麼大不了的事！

就像現實生活中，有人因爲錯過了將「我愛你」說出口而後悔一生，也有人因爲無法說出「不」，而持續了並非本意的婚姻。

其實這又何必呢？只要當下你做了傳達本意的動作，即使結果仍不是你想要的，至少你不會再後悔了。

適度的卑微，也是一種成功的手段

溝通的模式有千百種，唯有靈活運用智慧，看準時機，善用方法，才能胸有成竹地完成任務。

挺拔的大樹和柔韌的小草比較起來，的確是大樹威嚴強勢多了，但一旦颶風襲來，大樹卻往往難逃摧折的命運，反倒是那些看來柔弱不堪的小草，順風匍匐、搖曳，得以保全了自己。

其實，人生也是如此，強者不一定每次都能夠順利成功，硬碰硬的結果，很可能是兩敗俱亡，對誰都沒好處。

適度的卑微，在必要的時候，其實也可以是一種成功的手段。

愛因斯坦以提出相對論的理論而名聲大噪，但生活仍一如平日般樸實的他最討厭出風頭，面對接連不斷的作家採訪或畫家繪像的要求，他一概予以拒絕。

但是有一次，他卻改變了態度。

那一天，一位畫家前來請求為他繪製畫像。愛因斯坦照例以一貫的態度快速地回絕道：「不，不，我沒有時間。」

「但是……，不瞞您說，我實在非常需要畫這幅畫所得的錢啊。」畫家表情懇切地拜託愛因斯坦說。

「喔，那就是另外一回事了，」愛因斯坦見狀，改變了態度：「我現在就可以坐下來讓您畫像。」

愛因斯坦是一位極重原則與個人隱私的學者與科學家，他生性淡泊、不喜熱鬧、討厭記者，以及絕不多話的特色，幾乎和他對於科學的執著鑽研態度齊名。

但是，這名畫家卻能突破他的心防，使得愛因斯坦改變初衷，坐下來讓他爲他畫肖像——原本他極爲厭惡的事。

因爲，這位畫家掌握了愛因斯坦心地仁慈的一面，說話之時善用了自己弱者的形象，於是輕鬆地達到目的。

每個人自然而然地會對比自己弱小的對象放下心防，或許伸出援手，或許緩下毒手，因爲狠不下心。因爲，有弱者的存在，才能突顯強者。

這個世界不可能人人永遠都當強者，所以，有時候示弱並不算丟臉，而是一種高明的心理戰術。

吹捧有兩種方式，一種是哄抬別人，一種是壓低自己的姿態，後者就是善用弱者的形象，是爲了達到目的的手段。

這個例子說明了，溝通的模式有千百種，唯有靈活運用智慧，看準時機，善用方法，才能胸有成竹地完成任務。

學會「轉彎」說話的技巧

打過繩結的人都知道，要是不小心打成了死結，你越是硬扯，反而纏得越緊；想要解開繩結，必須左拉右扯一步一步慢慢來。

西班牙大作家，《唐吉訶德》的作者塞萬提斯曾說：「貓兒被捧上天的時候，也會以為自己就是獅子。」

確實如此，適時讚美別人是一種高明的處世技巧，從厚黑的角度而言，被你捧上天的人即使是一頭「綿羊」，有時候爲了顧及自己的面子，也不得不強迫自己發揮「老虎」的能力來投桃報李。就算對方對你釋出的善意不置可否，至少也會降低心中的敵意。

阿珠與阿花是公司裡有名的世仇。阿花長得漂亮，加上做人八面玲瓏，因此即使做錯了事，別人也不忍苛責，因此造成了阿花凡事粗心大意、不拘小節的習慣，覺得做錯了反正也不會怎麼樣。

偏偏阿珠最厭惡這一套，她看不慣阿花凡事馬虎、敷衍了事的態度，因此處處針對阿花，只要一逮到機會便趁機諷刺阿花一番；因為如此，雙方水火不容，還一度鬧上了經理辦公室。

有一次，阿花又不小心延誤了工作，於是受到阿珠毫不留情地嚴厲譴責。顏面盡失的阿花，忍無可忍地對另一位同事說：「麻煩你幫我轉達阿珠一聲，請她不要給臉不要臉，改改她的臭脾氣好嗎？」

同事拍著胸脯向阿花保證：「這點小事全包在我身上！」

果然，從那天之後，阿珠對阿花的態度有了一百八十度的轉變，見到阿花不只會親切地微笑，同時也不再斤斤計較阿花工作上的小毛病了，甚至還不時主動傳授幾招業務上的小技巧。

阿珠的態度大幅改變，令阿花感到受寵若驚，於是她趕緊去向那位傳話的同事道謝。阿花問道：「你真厲害，到底是怎麼對阿珠說的？」

那位同事笑著說：「其實也沒說什麼，我只不過是告訴阿珠：公司裡有好多人都稱讚妳，尤其是阿花，她說妳是一個實事求是，值得好好學習的榜樣呢！」

有句俗話說：「冤家宜解不宜結」，也有一句話說：「解鈴還需繫鈴人」，只要繫鈴人用對了方法，再複雜的結也可迎刃而解。

打過繩結的人都知道，要是不小心打成了死結，你越是硬扯，反而纏得越緊；想要解開繩結，必須左拉右扯一步一步慢慢來，光靠蠻力是沒有任何效果的。

這個道理用在人與人之間也是一樣，最需要忠告的人，通常最不願意接受忠告，與其苦心勸諫一個人，不如由衷讚美要來得有效。

越狡猾，越能成為大贏家

商場老手最為老謀深算，耍出來的花招五彩繽紛，叫人眼花撩亂，捉摸不定，對手就在不知不覺中落入圈套。

山野叢林中，弱肉強食之戰無所不在。與虎狼相比，狐狸處在弱者地位，卻能生存下來，原因由於牠的足智多謀。

競爭激烈的商場也是一樣，沒人可憐你，你也不能可憐他人。競爭是實力和智慧的較勁，必須選擇自己的必勝戰略，制定對付強手的靈活戰術。

戰爭中使用的戰略，主要在你死我活的廝殺中獲勝。談判也是戰爭，但不是你死我活的殺伐，而是共存共榮的搏鬥。

在談判戰爭中，沒有絕對的贏家，也沒有絕對的輸家，因此，使用的戰略自然與戰爭略有不同。

談判的勝敗也與兵家不同，談判過程中，不成交便是失敗，雙方都是輸家；達成交易即是勝利，而且是雙方的勝利。

合作式、共同解決難題的談判戰略，是彼此尋求成功的途徑，求取雙方都能得到利益的最佳結局。

嚴格的敵對式戰略是堅持各自立場、互相設置障礙、互掐喉嚨的戰略；這種戰略對雙方都是一種傷害。

所謂不敗的高明策略，就是合作式談判的過程，化解敵意的僵局，雙方達成期待的協定。

談判高手的高明之處，就在於反敗爲勝，制定不敗的策略。

一提起耍花招，人們也會自然想到商場老手，因爲只有他們最爲老謀深算，耍出來的花招五彩繽紛，叫人眼花撩亂，捉摸不定，對手就在不知不覺中落入圈套。

見識一下像狐狸般狡猾的商場老手，應付各種對手的招術，將有助於你的功力。

拉第耶是法國的大企業家，有一回，他專程來到新德里為一筆推銷飛機的大買賣，找拉爾將軍談判。

他幾次約將軍洽談，都沒能如願。最後，他找到拉爾將軍時，在電話裡卻隻字不提飛機交易的事，而只是說：「我以私人名義專程到新德里拜訪閣下，只要十分鐘，我就滿足了。」

拉爾將軍終於勉強答應了。

當秘書引著拉第耶走進將軍辦公室時，板著臉囑咐說：「將軍很忙，請勿佔太多時間！」

拉第耶心想對方表現得麼冷漠，看來十有八、九生意是做不成了。

「您好，拉第耶先生！」將軍一進來，出於禮貌的伸出手，想三言兩語就把客人打發走。

「將軍，您好！」拉第耶表情真摯，坦率的說：「我衷心向您表示謝意，感謝您對敝公司採取如此強硬的態度……」

將軍一時之間被他說得莫名其妙，答不出話來。

「不過，您使我因此得到一個十分幸運的機會，在我生日的這一天，又回到自己的出生地。」

「您出生在印度嗎？」將軍微笑了。

「是的。」拉第耶打開了話匣子：「一九二九年三月四日，我出生在貴國名城加爾各答。當時，我的父親是法國歇爾公司駐印度代表。印度人民是好客的，我們全家得到很好的照顧……」

拉第耶又娓娓的談起了童年生活的回憶：「在三歲生日的時候，鄰居一位印度老太太送我一件可愛的小玩具，我和印度小朋友一起乘坐在大象背上，度過了一生中最美好的一天。」

拉爾將軍深深的被感動了，當即邀請他說：「您能來印度過生日實在太好了，今天我想請您共進午餐，以表示對您的祝賀。」

在汽車駛往餐廳的途中，拉第耶打開公事包，取出一張已經泛黃的照片，恭敬的展示在將軍面前：「將軍，您看這個人是誰？」

「這不是聖雄甘地嗎？」將軍驚訝地說。

拉第耶唱作俱佳地回答：「是呀，您再瞧左邊那個小孩，那就是我。四歲時，我和父母一道回國，在途中十分幸運的和聖雄甘地同乘一艘輪船，這張合照就是那次在船上拍的，父親一直把它當做最珍貴的禮物珍藏著。這回，我還要去拜謁聖雄甘地的陵墓。」

「我非常感謝您對聖雄甘地和印度人民的友好情誼！」將軍聽了這番話十分感動，親切的說。

於是，午餐是在親切融洽的氣氛中進行。當拉第耶告別將軍時，這筆大買賣就已拍案成交了。

拉第耶爲贏得會談的時間，以自己生日爲名義，讓將軍付出更多的時間來招待他。更重要的是，他善於表演、口若懸河，贏得了將軍的信任，爲談成生意達到了關鍵的作用。

輯10

遇到攻擊，不妨以幽默還擊

當別人以不友善的態度或言語來對待你時，
如果能以幽默的態度來回應，
那麼你得到的將不會是羞辱，
而是別人對你的深刻印象。

不要遭到反駁就退縮

想要讓別人了解自己，首先就必須讓對方明白自己的想法，不要擔心別人的反駁或質疑，因為只有反駁和質疑才能讓想法中的瑕疵消失。

語言是人類交流的工具，人與人之間的交往和溝通，都不可能離開語言。語言，可以說是人們傳播知識、交流思想，並將喜怒哀樂等等複雜的情緒與情感傳遞出來的最佳方法。

在現今資訊爆炸的時代，人與人之間的聯繫比以前更爲頻繁，這個頻繁的交往更難脫離語言，語言的重要性不必細說，便可得知。

每個人都有自己的看法或意見，但是，卻不是每個人都「敢」表達自己內心眞正的想法或意見。

要是你連自己的想法都不敢說出口，那麼你如何有勇氣面對困難，如何能創造機會，進入成功的殿堂？

有一個學生考上了英國牛津大學的博士班，但是這個學生卻在參加口試的時候，因為教授質疑她的研究計劃，而和教授展開激烈的辯論。

到最後，教授大聲地說：「妳的研究計劃包含了不下十個錯誤，根本就不是一個合格的研究計劃！」

學生也不甘示弱地反駁教授：「這只能表示我的研究計劃不成熟，並不表示這個計劃不合格！而且，如果您能接受我成為您的學生，我有信心，一定可以把這個計劃執行得盡善盡美。」

教授很生氣地說：「難道妳要我指導一個反對我理論的學生嗎？」

學生回答：「坦白說，教授，我就是這麼想的。」

口試結束後，學生心想：「牛津大學應該不會錄取我了。」於是她垂頭喪氣地坐在門外等候通知。

沒想到，助教在宣佈錄取名單時，竟然出現了這個學生的名字。

名單宣佈完後，教授當著眾人的面對她說：「孩子，雖然妳罵了我兩個小時，但是最後我還是決定錄取妳。我要妳在我的指導下反對我的理論，這樣一來，如果事實證明妳是錯的，我會很高興；如果證明妳是對的，我會更高興。」

想要讓別人了解自己，首先就必須根據當時置身的環境，採用適當的說話方式，讓對方明白自己的想法。

勇敢把自己的意見說出來，不要擔心別人的反駁或質疑，因爲只有反駁和質疑才能讓原來想法中的瑕疵消失。

而且，就算說明想法之後還是無法得到認同，至少你努力過，也證明了你不是個遇到困難就退縮的人。

不要讓眼睛長在頭頂上

自大的人的特徵，就是他們非常缺乏實際的行動，他們只是光憑一張嘴說得天花亂墜，卻不會真正的把話兌現。

不尊重別人感受與立場的人，不管擁有如何高深的學識，最終只會引起別人的討厭與嫌惡，在說話辦事的時候很難達到有效溝通的目的。

說話辦事的藝術，其實就是態度上的不卑不亢。我們在論述自己意見的同時，如果能夠同時運用傾聽的技巧，表達出冷靜、理智且流露尊重對方立場的態度，無形之中就會讓彼此的交流愈來愈順暢。

大家都應該不太喜歡自大的人，所以也很難把自己眞正的想法坦白告訴他們。因此，自大的人往往沒察覺到自己想法的不成熟，或知識的不足，更不用說發覺到自己缺乏學習與不明世故的一面。

自大的人會覺得，我可依自己的想法去解決所有的問題。一個人如果用這種自命不凡的態度來生活，必定會在無形中遭受許多的挫折，或錯失無數可貴的學機會。

而且，當你以這種態度過活時，周圍的人都會敷衍你，包括你的親人、朋友、部屬或學生。他們不會告訴你內心眞正的想法，而是在和你進行表面上的交往，只不過是你一直沒察覺而已。

每一個人都不喜歡得罪別人，所以不會有人來糾正你的自大態度。即使是上司也不想讓部屬討厭，他們寧可表面上對你說：「你表現得實在太棒了！」但心裡其實是這樣想：「這個驕傲自大的傢伙！」

自己是否很自大？若不時時認眞的自我檢討反省，其實是很難發現的。接下來，就提供兩個「線索」，讓大家做自我檢視一番。

首先是捫心自問：「我是否是一匹人人敬而遠之的狼？」

自大的人，大家都會不想接近他，所以會在不知不覺中變成孤單一人。如果，已經很久沒有人邀你去他家，或是邀你一起喝個茶，你就必須開始反省這一陣子自己的

言行是否過當。

自大的人的第二個特徵，就是非常缺乏實際的行動，他們只是光憑一張嘴說得天花亂墜，卻不會眞正的把話兌現。

例如，他們總把自己說得像日行一善的童子軍，卻從不會將筆記借給別人，不會把座位讓給老人，也不曾眞心回饋過些什麼。

那麼，要怎樣才不會變成自大的人呢？

首先是時時增廣見聞，要深刻的體認到目前自己的想法或擁有的知識，在這個知識爆炸的時代中猶如滄海一粟而已。因此，要試著去了解自己做得到的事是什麼，做不到的事是什麼。

接下來就是和能坦白說話的人交朋友。如果做不到，可以多參加類似團體諮詢的活動，或是以不記名方式去要求部屬或學生做問卷，寫出希望自己可以改進的地方，也許，你會發現經常有人會這樣寫：「不要老是誇大其詞、光說不練！」

學習從別人對自己的認知當中，爲自己的說話態度與技巧找到新的定位，是一個人成長必經的路程。

有時自己認為是正面的部分，從他人的觀點來看卻是負面的。相反的，自己認為是負面的部分，別人可能認為：「那個人有這種優點，為什麼卻那麼自卑呢？」這時，過度的謙虛反而會被視作矯情的表現。

我們想要在言談方面有所成長，就必須增長正面的部分、改善負面的部分，但我們很難明確或客觀地判斷哪些是自己負面的部分，因此追求互相忠告的人際關係是很重要，如果不把別人的金玉良言放在心上的人，是不會成長的。

成為一個被忠告者，其實是值得高興的，因為這表示責備或忠告你的人不管是家人、朋友、上司或前輩……等等，是眞正關心你的。

此外，當你被責備時，應該怎麼做才好？

首先就是要坦然地虛心道歉。倘若死不服輸或是不假思索頂撞回去的話，下次就再也不會有人指正你了。

接下來則是不要逃避責任，如果你把責任推到上司或同事身上，簡直就是犯了第二次錯誤，只會讓問題變得更加複雜、難以解決。

再者是不要情緒化，因為一旦變得情緒化就容易嚇跑身旁的人，會讓自己的世界變狹小，最後只會讓自己孤立無援。不要把衷心忠告你的人都當作看不起你或有意貶低你的敵人，這樣實在太傻了。

另外，也不要死要面子，如果你突然惱羞成怒，對方可能會丟下一句：「隨便你好了！」就棄你而去。

最後，則是要思索他爲什麼要這樣對你說？

人沒有完美的，如果對方對你說的話令你很難接受話，你可千萬別認爲他是對你有所不滿，這時千萬要先冷靜一下，他對你說的內容可能很重要，要對事不對人才是成熟的做法。

「拐彎罵人」比直言勸諫更有效

勸告必須是婉轉的，不要讓別人有「被指責」的感覺；轉個彎，換個方式，這樣的勸告才能達到效果。

談到說話的藝術，或許有人會不屑地說，說話根本沒有什麼困難，只要不是啞巴或是剛出生的孩子，誰都會說話。

的確，人人都會說話，然而，並不是每個人都能把話說得十分切題動聽，而且還要能說到重點，讓人心有戚戚焉。

沒有人喜歡聽到批評和指責，因此，在勸告別人的時候必須非常小心，不當的用字遣辭不但達不到勸導的效果，甚至還會傷害彼此的感情。

學習如何恰當地或技巧性地給予別人建議，無疑是一個人在建立良好的人際關係時，不可或缺的一環。

大家都知道，唐太宗李世民是一位賢明的君主，但是很少人知道唐太宗的元配長孫皇后，也是一個非常有說話智慧的女子。

有一天，唐太宗退朝回到寢宮，很生氣地對長孫皇后發誓說：「我要是不殺掉這個可惡的莊稼漢，我的尊嚴遲早會蕩然無存！」

長孫皇后一聽，連忙詢問這個莊稼漢是誰？

唐太宗憤憤地回答說：「還會有誰？當然是魏徵那個傢伙！只有他敢在大庭廣眾下頂撞我，讓我下不了台。」

長孫皇后聽完唐太宗的話後，沒有說什麼，只是立刻換上皇后的正式宮服，然後站在庭院中，恭敬地向唐太宗行大禮。

唐太宗對長孫皇后的行為感到十分驚訝，便問皇后為什麼要這樣做。

長孫皇后婉轉地回答：「臣妾曾經聽說，只有英明的皇上，才會有正直的臣子。魏徵之所以如此正直，都是由於您的英明而造成的，既然如此，臣妾怎麼能不向皇上祝賀呢？」

唐太宗聽了長孫皇后的話，不僅怒氣全消，而且還反省了自己的過錯，不久之後，便將魏徵升為宰相了。

後來，魏徵因病過世，唐太宗為此感到悲慟不已，不但親自替魏徵送葬，還親筆為魏徵寫了碑文。

如果沒有聰明賢慧的長孫皇后以技巧性的言詞暗中幫襯，魏徵這個忠臣可能早就死在唐太宗的刀下了。

由長孫皇后的例子可知，勸告必須是婉轉的，因爲如果長孫皇后跟魏徵一樣，採用直言進諫的方式，結果只會讓唐太宗更生氣，而且根本無法解決問題。

所以，想要勸告的時候，不要給別人有「被指責」的感覺，轉個彎，換個方式，這樣的勸告才能達到效果。

給小人一點點教訓

只要心態正確，再加上一點點的小技巧，你就可以在複雜的人際關係中，顯得從容自在，無往不利。

俗話說：「有理走遍天下，無理寸步難行」，話雖如此，但世界上卻不是每一個人都如此理性、願意講道理的。

遇到不願意講道理的人時，與其浪費寶貴的時間跟他爭執，倒不如換個角度，用智慧來解決，得到的效果可能遠比說破嘴還要好得多。

有一個富翁生性吝嗇，小氣到一毛不拔的地步。

這個富翁有一個兒子，正值該認字讀書的年紀，於是他便計劃聘請一位教書先生來教導他的兒子。

可是，每一個教書先生都教不了幾天就辭職了！因為，富翁訂了許多規矩，教書先生如果不遵循這些規矩，不但拿不到薪水，甚至還要被罰錢！

如此一傳十、十傳百之下，大家都知道富翁的吝嗇、刻薄作風，所以沒有人願意去富翁家教書。

這時，有一個曾經吃過虧的教書先生的弟弟，聽了哥哥的抱怨之後，便決定要給富翁一個教訓，於是，立刻到富翁家去應徵教書先生。

富翁看到竟然有人願意答應他苛刻的條件，心裡非常高興，但又怕口說無憑，所以要求教書先生寫一張合約，以茲證明。

這個教書先生二話不說，立刻拿起筆來，寫下：「無雞鴨亦可無魚肉亦可，青菜一碟足矣」的字樣。

富翁看完，認為是：「無雞鴨亦可，無魚肉亦可，青菜一碟足矣」，所以二話不說，很高興地就在合約上簽字了。

等到吃飯的時候，富翁便端出一碟青菜給教書先生下飯，這時教書先生不高興了，並且指責富翁違背合約。富翁覺得很奇怪，便問教書先生自己哪裡違約了？

教書先生慢條斯理拿出合約，指著上面的文字說：「請你仔細看清楚，我的合約到底是怎麼寫的？」

富翁仔細一看，才發現合約上還有一些標點符號，原來整張合約是這樣寫的：「無雞，鴨亦可；無魚，肉亦可；青菜一碟，足矣。」

富翁雖然氣得咬牙切齒，但是也只好自認理虧，乖乖地付出賠償了。

雖然心存善念、爲人圓融是處事應有的態度，可是有的時候，面對蠻橫不講理的人，在言談之間使一些小手段也不失爲解決問題的好方法。

不妨學學故事中的教書先生，只要心態正確，再加上一點點的小技巧，你就可以在複雜的人際關係中，顯得從容自在，無往不利。

遇到攻擊，不妨以幽默還擊

當別人以不友善的態度或言語來對待你時，如果能以幽默的態度來回應，那麼你得到的將不會是羞辱，而是別人對你的深刻印象。

赫伯特曾經說過：「那些只會嚼舌根、談是非的人，就像池塘裡的青蛙一樣，成天喝水而且聒噪不休。」

要輕鬆應付這樣成天批評別人的人，必須具備一些幽默感。

所謂的幽默，就是將可笑的事物按照本來的情況，用另一種方式加以描述。幽默當然帶有幾分自然和偶然，但是，只要反應敏捷，通常可以化解尷尬場面。

在人際關係中，學習如何運用幽默是很重要的。

要知道，不是每個人都會以友善的態度對待你，所以懂得運用幽默感，就能夠在別人對你不友善的批評或攻擊時，在不傷害彼此的和氣，又能維持自己尊嚴的況下，充分地予以反擊。

紀曉嵐五十五歲的時候，晉升為內閣大學士兼禮部侍郎。因為紀曉嵐專門打擊貪官污吏，朝廷中有很多人對紀曉嵐的升官感到不滿和眼紅，於是一些平時和紀曉嵐不合的大臣，便聯合起來，以慶賀他升官為名，擺了一桌酒席請他吃飯，事實上是想藉機羞辱他一番。

正當大家吃到一半，酒席間突然跑來了一隻狗。

其中一位御史逮到機會，就故意指著狗問紀曉嵐說：「請問紀大人，你看那隻是狼（侍郎）是狗？」

紀曉嵐當然明白這位御史是有意在羞辱他，但是他並沒有生氣，不慌不忙笑嘻嘻地回答：「是狗。」

席間有一位尚書問他：「你怎麼判斷那是隻狗呢？」

紀曉嵐故意慢慢地說：「狼與狗不同的地方有兩點：第一個不同，是先看牠的尾巴是不是上豎，上豎（尚書）就一定是狗，不上豎就是狼！」

紀曉嵐的話弄得尚書十分尷尬，無言以對。

紀曉嵐接著又說：「第二則是從牠吃的東西來分辨。大家都知道狼的野性十足，但就算是肚子餓了，也不是什麼都吃；可是，狗就不一樣了，餓的話則遇肉吃肉，遇屎（御史）吃屎！」

紀曉嵐的幽默不但使他免於被羞辱，還狠狠地反擊了對方一頓。

當別人以不友善的態度或諷刺性的言語來對待你時，其實目的只是要讓你下不了台而已，如果你真的因此而嘔氣的話，不但達到了他的目的，其他人也會開始對你產生負面的評價。

這個時候，如果能以幽默的態度來回應，甚至像紀曉嵐這樣加以回敬，那麼你得到的將不會是羞辱，而是別人對你的深刻印象。

如何巧妙拒絕別人？

首先要先認同對方說的話，因此你可以這樣說來先平息他的怒火，對方就會不容易對你產生敵意，也能滿足他的自尊心。

世間的每個人都是獨立的個體，也擁有各自的思想和行爲模式，因此，面對不盡如己意的景況，希臘詩人荷馬曾經勸告我們說：「把你激動的心情按捺下去，因為溫和的方式最適宜；還要遠離那些劇烈的競爭。」

當對方否定或拒絕你的意見或想法時，你會有什麼樣的感覺呢？任何人一定都會覺得不太高興吧！這時必然會有一股怒氣油然而升，或對對方產生反感。因爲對方的拒絕或否定，會使我們的自尊心受到很大的傷害。

在這種狀況下，我們應該如何委婉地拒絕別人，才不會讓對方產生不愉悅或自尊心受損的感覺呢？

1.當對方說話時，不要每次都反駁他。

很多人發表意見時，都會聽到直接否定或拒絕的反應：「不對，我不那麼認為，那應該是這樣的……」「是嗎？我覺得不是這樣……」「你在說什麼？這怎麼可能呢？你講話好奇怪……」等等。

其實，這些話對一般人來說，聽到只會越來越反感而已。所以說，這是一種最差勁的拒絕及否定法。

2.要聆聽對方的話，直到告一段落。

聆聽他人說話，一定要等到對方說話告一個段落為止，即使你有反對的意見，也應該暫時忍住，無須急於表現。

因為發言的人會想將自己想法完整的表達讓對方知道，並希望得到對方認同，因此對於話題被中斷，並遭否定一定會很生氣。

3.先表示認同對方的態度，再提出反對意見。

當你在聽完對方的話後，必須針對對方的話，傳達出自己並不是否定對方的想法，而且我們的構想其實是有相通之處，只是做法上有些不同，而關於這一點我們可以再作溝通和討論。

若直截了當地表示反對或否定，對方就會對你產生反感或敵意。所以，首先要先認同對方說的話，因此你可以這樣說來先平息他的怒火：「是，你說的話我很明白。」

這樣一來，對方就會不容易對你產生敵意，也能滿足他的自尊心。

接下來，你可以試著說出自己的想法：「我也很贊同，不過我另外有一個的想法。你覺得如何呢？如果有不對的地方請提出來。」

這樣一來，對方就不會對你反感，而且大多能冷靜思考你所說的話，並且接受你的建議。

該說謊的時候還是得說

雖然說謊不是好事，但是偶爾一兩句善意的謊言，會帶來令人意想不到的驚喜效果。

越是熟悉的東西，越容易被人們忽視，正因爲我們天天都在說話，所以總是覺得說話不是多麼困難的大事。

其實，說話是一門藝術，話說得恰如其分，才能如雪中送炭直暖心底；話說得不得體，則令人心寒情傷，如履寒冰。

簡單的事情當中總是蘊含著大道理，說話的藝術正是人人必修的課題！

有很多人都反對「見什麼人，說什麼話」的做法，認爲那是表裡不一的人才會做的事，是兩面三刀、華而不實的表現。

事實上，只要不是心存惡念，見什麼人還真要說不同的話。

說謊，連三歲小孩子都知道這是一種壞習慣，可是，在大人的世界裡，總是誠實的直來直往有時候反而會吃大虧，因此善意的謊言是有必要存在的。

善意的謊言最忌諱的就是過於誇張，而且要配合適當的時機和場合，這樣才能讓謊言發揮出最大的效果。

在一次盛大豪華的舞會上，甲對舞會的主人——一位徐娘半老，但仍然風韻猶存的女士說：「看到您，不禁使我想起您年輕的時候。」

女士微笑的問：「我年輕的時候怎麼樣？」

「很漂亮。」甲回答。

「難道我現在不漂亮嗎？」女士開玩笑的問。

沒想到甲竟然非常認真的回答：「是的，比起年輕時候的您，您現在的皮膚不但鬆弛，缺少光澤，甚至還有不少皺紋。」

這位女士聽完甲的這番回答，臉上不禁一陣白一陣紅，十分尷尬的瞪著甲，剛才的自信完全消失了。

就在這個時候，乙適時出現在這位女士的面前，彬彬有禮的伸出手，對她說：「不知道我有沒有這個榮幸，請這個舞會上最漂亮的女士一起跳舞呢？」

女士的眼睛頓時亮了起來，接受了乙的邀請，兩個人在舞池裡跳了首舞曲。女士像突然變了一個人般，全身散發著迷人的魅力，就像個漂亮的年輕女孩！

舞會過了沒幾天，甲和乙同時收到一封訃文，那位女士突然死了。不過，乙比甲還多收到了一封遺囑，這位女士在遺囑中註明，將自己所有的財產留給乙。

有一句林肯總統經常引用的西洋諺語說：「一滴蜂蜜能比膽汁招來更多的蒼蠅」，由此可見甜言蜜語比毫不留情的實話更能夠吸引別人。

雖然說謊不是好事，而且謊言一旦被拆穿，下場往往比說實話還慘；但是，偶爾一兩句善意的謊言，會帶來令人意想不到的驚喜效果。

要把自己的誠意表現出來

有些話，即使再怎麼支吾結巴也要講出來，不講出來，別人永遠不知道你的心意，誤會往往就是這樣造成的。

笑是人的優良本能，也是人際關係中最好的調劑。

然而，不是每件事都憑著一味地傻笑就能過關的，總要在適當時補上幾句得體的話，你的笑容才會顯得更有誠意！

下面是一則笑話，告訴你那「幾句話」的重要。

有一天，老陳的老同學到家裡來拜訪，二個人多年不見，便在客廳裡天南地北地聊著。

話匣子一開就沒完沒了，不知不覺已經到了晚餐時間。老陳五歲的小兒子跑進來，趴在爸爸的肩膀上咬耳朵。

老陳和朋友聊得正高興，看到兒子這麼沒規矩的行為，立即大聲訓斥道：「真沒禮貌！當著客人的面咬什麼耳朵？爸爸不是告訴過你，做人要坦蕩蕩，有什麼話不能當面明講的！」

小兒子受到爸爸的訓斥，只好乖乖聽話，順從地說：「媽媽要我告訴你，家裡沒有菜，不要留客人吃飯。」

一時間，兩個大人都當場愣住了。即使朋友原本就沒打算留在老陳家吃飯，但是聽了這番話也難免不悅，彷彿在下逐客令似的，面對這麼尷尬的場面，這下子老陳到底該怎麼解釋呢？

還好老陳足智多謀，他腦筋一轉，伸出手來，在兒子的小腦袋上輕輕打了一下，然後說：「你這個小笨蛋！我不是告訴過你，只有隔壁囉唆的王大嬸來時，才要跑過來說這句話嗎？你怎麼搞錯了？」

如果老陳當時只是尷尬地傻笑，甚至伸手搔了搔頭，老朋友也許不會在意，但是他還好意思繼續待在老陳家裡嗎？

識相的話，一定先找個藉口告辭，而且以後再來拜訪老陳，就算心裡不存芥蒂，也會刻意挑個「適當」的時間。多年的朋友彼此間相處變成要小心翼翼，這是多麼可惜的一件事！

也許，你不能像老陳一樣補漏洞補得這麼圓滑，但是，在言談之時也總該有一些適時的善意表示。

凡是明眼人都看得出來，這個孩子只是在爲母親傳話，根本沒有搞錯什麼，但是你多講了那幾句話，代表的正是你的誠意。

告訴別人不要在意，一個心情的轉彎，感受就全然不同了。

有些表達自己善意的話，是省不得的，即使再怎麼支吾結巴，再怎麼冷場怪氣，也要適時地講出來。

倘使你不把該說的話講出來，別人永遠不知道你的眞實心意，彼此之間的誤會往往就是這樣造成的。

臉皮越厚，招數越多

對手的個性、技巧不同，自己也將受到對手用盡一切卑劣招數來進行輪番轟炸。所以，臉皮越厚，瞭解的招數越多，越有可能在談判中佔優勢，減少失敗的次數。

談判是說話藝術重要的一環，各種說話技巧都被運用得淋漓盡致。

「勝敗乃兵家常事」，在談判過程中遭遇勝敗也不足爲奇。

交易成敗關系到自己切身的利益，談判雙方趨於成交的願望，基本上是一致的。

所以，談判者都希望成功率儘量高些，失敗次數儘量少些。

但是，即使是談判高手，也免不了會有失敗的經驗，重點在於看待失敗的態度。

失敗並不可怕，可怕的是失敗後消沉、氣餒。

對待失敗的積極態度，應該是吸取教訓，總結失敗的經驗，然後設法拿出反敗爲勝的王牌。

卡內基是美國著名的成功學大師兼成人教育家，有一次，他想租用一家大飯店禮堂來舉辦訓練班。

可是，交涉中途，飯店卻臨時通知他，要他付出比原來多三倍的租金。

後來，他終於打聽出，原來經理為了賺更多錢，暗地裡打算把禮堂改租給別人舉辦舞會或晚會。

面對這個唯利是圖的商人，看來卡內基唯一的辦法，就是放棄這家飯店，找一家租金便宜的地方繼續開課。

但是，事情的結果，卻完全不是這樣。

卡內基找到飯店經理，對他說：「假如我處在你的地位，或許也會發出同樣的通知。你是這家飯店的經理，責任是讓飯店儘量獲利，若不這樣做的話，你的經理職位就保不住。」

卡內基接著說：「大禮堂不出租給講課的，而租給舉辦舞會的、晚會的，當然可以獲得大利。因為，舉行這一類的活動，時間不長，他們能一次就付出很高的租金，比我的多得多。要是租給我的話，你們真是吃虧了。」

卡內基鬆懈了對方的戒備情緒後，又道：「但是，你要增加我的租金，實際上是要把我趕走，因為我付不起你要的租金，所以我勢必要另外找地方來舉辦訓練班。不過，你要知道，這個訓練班吸引了成千受過高等教育的中上層管理階級人士，這些人到你的飯店來聽課，實際上是免費為飯店做廣告。相反的，你若是花五千元在報紙上登廣告，也不可能邀請這麼多人親自來參觀。而我的訓練班卻幫你邀請來了，這難道不划算嗎？」

最後，卡內基運用欲擒故縱的說服術，終於使經理改變了態度，說服了飯店經理放棄增加租金的要求，使訓練班得以繼續辦下去。

由於對手的個性、技巧不同，在交涉、談判時，也許在不同程度上，受到對手用盡一切卑劣招數來進行輪番轟炸。所以，臉皮越厚，瞭解的招數越多，越有可能在談判中佔優勢，減少失敗的次數。

因爲，在談判中沒人能打百分之百的包票，所以防止遭受慘敗和反敗爲勝的因素，還應包括以下幾項：

- 得到協力廠商對你的對手的評估；
- 細審對手提出的任何要求；
- 不要為任何說出來、做出來的事感到難為情；
- 不必針對對手的言行做假設，而是根據事實來決定自己的舉措；
- 別怕談判不成就拜拜，避免陷入人身攻擊的困境；
- 記取每次談判失敗的教訓，作為轉敗為勝的必備條件。

靈活運用說話攻略

作　　者　王　照
社　　長　陳維都
藝術總監　黃聖文
編輯總監　王　凌
出 版 者　普天出版家族有限公司
新北市汐止區忠二街 6 巷 15 號
TEL / (02) 26435033 (代表號)
FAX / (02) 26486465
E-mail：asia.books@msa.hinet.net
http://www.popu.com.tw/
郵政劃撥 19091443 陳維都帳戶
總 經 銷　旭昇圖書有限公司
新北市中和區中山路二段 352 號 2F
TEL / (02) 22451480 (代表號)
FAX / (02) 22451479
E-mail：s1686688@ms31.hinet.net
法律顧問　西華律師事務所・黃憲男律師
電腦排版　巨新電腦排版有限公司
印製裝訂　久裕印刷事業有限公司
出 版 日　2020 (民 109) 年 10 月第 1 版
ISBN◉978-986-389-740-8　　條碼 9789863897392

國家圖書館出版品預行編目資料
靈活運用說話攻略／
王照著.一第 1 版.一：新北市,普天出版
民 109.10 面；公分. - (溝通智典；15)
ISBN◉978-986-389-740-8 (平裝)

溝通智典

15

普 天 之 下 ・ 盡 是 好 書

普天出版家族
Popular Press Family

凌雲文創
A-Plus Creative Company